Katrin Behrend

Die Wohnungskatze

richtig pflegen und verstehen

Experten-Rat für die
optimale Haltung

Farbfotos: Ulrike Schanz
Zeichnungen: Renate Holzner

GU GRÄFE UND UNZER

Inhalt

*Vorhergehende
Doppelseite:
Die Fensterbank
über der Heizung
ist der erklärte
Lieblingsplatz dieser
beiden Katzen.
Hier ist es schön
warm, und man hat
alles gut im Blick.*

*Zeichnung:
Mit Hartgummi-
bällchen, leeren
Garnrollen oder Fell-
mäuschen spielt die
Katze für ihr Leben
gern.*

Vorwort

Katzen lieben die Behaglichkeit über alles und können sich deshalb bei einer ausschließlichen Haltung in der Wohnung sehr wohl fühlen. Damit sie in Ihren vier Wänden körperlich fit bleiben und psychisch keinen Schaden nehmen, brauchen sie jedoch von »ihren Menschen« verstärkt Anreize zum Spielen, Beschäftigen und Bewegen.
Katzen-Expertin Katrin Behrend erklärt in diesem GU Tier-Ratgeber, worauf es bei der richtigen Haltung und Pflege von Wohnungskatzen ankommt.
Sie gibt Tips, wie Sie die zu Ihnen passende Katze am besten finden und Ihre Wohnung katzengerecht einrichten. Wie so ein Abenteuerspielplatz für Miezen aussehen könnte, hat unsere Zeichnerin Renate Holzner anschaulich dargestellt. Dazu erfahren Sie alles über die Eingewöhnung der Katze, ihre richtige Ernährung und was für ihre Gesundheitsvorsorge wichtig ist. Im Kapitel »Katzen verstehen lernen« werden »kätzische« Verhaltensweisen erklärt, damit die Beziehung Mensch – Katze von Anfang an ungetrübt ist und gut funktioniert. Auf PRAXIS-Seiten erhalten Sie Informationen mit anschaulichen Zeichnungen für ein Gesundheits-Checkup bei Ihrer Katze, die wichtigsten Pflegemaßnahmen, praxiserprobte Erziehungsübungen, ein Spielprogramm, Katzenmenüs sowie über die Katzensprache. Dazu vermitteln speziell für dieses Buch aufgenommene Farbfotos ein lebendiges Bild dieses faszinierenden Tieres. Viel Freude mit Ihrer Wohnungskatze wünschen Ihnen die Autorin und die GU Naturbuch-Redaktion.

*Bitte beachten Sie
die »Wichtigen
Hinweise«
auf Seite 63.*

Wissenswertes über Wohnungskatzen

Göttin und Hexe

Die Katze geht ihre eigenen Wege. Schon mit ihrer Domestikation ließ sie sich länger Zeit als jedes andere unserer Haustiere. Erst im Neuen Reich Ägyptens um 1500 v.Chr. zogen die wilden afrikanischen Falbkatzen in die Nähe des Menschen, angelockt von den Heerscharen von Ratten und Mäusen, die die riesigen Getreide- und Reisvorräte der Ägypter bedrohten. Die Katze schloß sich dem Menschen an, machte sich selbst zum Haustier. Und er erkannte die Einmaligkeit des Vorgangs und machte sie zur Gottheit.

Denn neben ihrer überaus geschätzten Fähigkeit, den als Vorratsvertilger und Krankheitsüberträger gefürchteten Nagern Einhalt zu gebieten, sah man in ihrer zurückhaltenden, unergründlichen Art etwas Anbetungswürdiges. Sie wurde als milde und gütige Göttin Bastet, Gemahlin des Sonnengottes Ra verehrt, und man stellte sie in der Gestalt einer Frau mit Katzenkopf dar. Sie hatte eigene Tempel und Friedhöfe, und wer seiner Katze etwas zuleide tat oder sie gar tötete, wurde mit dem Tode bestraft.

Als man auch in anderen Ländern ihren Wert als Mäusefängerin kennen und schätzen lernte, begann ihr Siegeszug um die ganze Welt. Überall galt die Katze als etwas Besonderes; man bewunderte die unvergleichliche Mischung aus unabhängigem Raubtier und sanftem, anschmiegsamen Wesen.

Doch dann setzte ihr Fall ein. Im Europa des Mittelalters hoben schwarze Zeiten für die Katze an. Ihr Verhängnis war, daß sie rätselhaft und unergründlich

blieb und mit heidnischen Bräuchen in Verbindung gebracht wurde. Zusammen mit den Frauen fiel sie zu Millionen der Hexenverfolgung zum Opfer, allerdings mit tödlichen Konsequenzen. Denn nun gebot niemand mehr den Ratten Einhalt, die in die mittelalterlichen Städte die Pest einschleppten. Jetzt wurden, ebenfalls zu Millionen, die Katzenverfolger dezimiert. Es dauerte bis ins 18. Jahrhundert hinein, bevor der noch heute anhaltende Aufstieg der Katze zum geliebten Haustier begann.

Geliebtes Schmusetier

Eine nicht unwesentliche Rolle bei der Rehabilitierung der Katze spielten die Maler und Dichter. Die Katze rückte zum Tier der Künstler auf. In zahlreichen Geschichten spielt sie eine Hauptrolle, denn gerade unter Schriftstellern findet man bedingungslose Katzenliebhaber, wobei ihre Zuneigung darauf beruht, daß Katzen sich an keine Bedingungen halten. Sie machten sie zu Hauptfiguren in ihren Romanen und zollten ihnen Anerkennung und gesellschaftlichen Stellenwert. Mit dem Märchen vom »Gestiefelten Kater« des Franzosen Charles Perrault fing es an. Es erschien 1697 und zeigte die Katze in einem ganz neuen Licht. Aus dem verhaßten Hexentier war ein Helfer des Menschen geworden.

Was der Landbevölkerung, die die Dienste der Katze als Mäusefängerin schätzte, längst bekannt war, drang nun auch ins Bewußtsein der gebildeten Leute und des Adels. Sie wandten ihr Interesse der Katze zu und hielten sich

Die Katze, das besondere Wesen. Man bewundert ihre Unabhängigkeit und freut sich über ihre Anschmiegsamkeit.

Ganz Ohr und Auge und gespannte Körperhaltung. Da tut sich etwas Hochinteressantes für Mieze.

Eine Wohnungskatze führt ein längeres und geschützteres Leben als eine Katze, die den Gefahren auf der Straße, dem Bauernhof oder der freien Wildbahn ausgesetzt ist.

besonders schöne Exemplare als Statussymbol im Haus. Sehr begehrt waren zum Beispiel die von der Türkei nach Frankreich und England eingeführten Angorakatzen, die man wegen ihres seidigen Haars sehr bewunderte. Mit dem Einzug der Hygiene in die Haushalte schätzte man die Katze als Sinnbild der makellosen Sauberkeit immer mehr. Nach der ersten Katzenausstellung 1871 in London, nach Gründungen von Katzenclubs in England und Amerika im ausgehenden 19. Jahrhundert und dem Beginn der systematischen Zucht stieg der Beliebtheitsgrad der Katze als Heimtier immer höher. Zahlen belegen, daß in den letzten Jahren Katzen in der Gunst der Tierfreunde Hunde sogar überflügelt haben. So ist aus der ehemaligen Göttin Bastet der geliebte Stubentiger geworden, dem wir, ohne zu murren, den gemütlichsten Sessel des Wohnzimmers einräumen.

Mit hochaufgerichtetem Schwanz, erhobenem Kopf und freudigem Miauen begrüßt die Katze »ihren« Menschen.

Wohnungskatzen – Katzen ohne Freilauf

Man sieht schon, die Katze hat ihre eigene Art, auf Gegebenheiten zu reagieren. So sehr sie Einzelgängerin ist, die Gesellschaft des Menschen möchte sie nicht missen. Als dieser im Zuge der Verstädterung sich immer mehr in Wohnungen ansiedelte, zog sie mit. Leider ist das Stadtleben voller Gefahren für eine Katze, und so sah sich der Mensch veranlaßt, sie zu ihrem Schutz in der Wohnung zu behalten. Er sperrte sie ein, sagen die Gegner der Heimtierhaltung, doch die Katze sieht das offensichtlich nicht so. Andersrum formuliert, es gelang ihr sich anzupassen, ohne von ihrer Natur zu lassen.

Fragen wir uns doch einmal, wie sich ihr Leben in der freien Wildbahn darstellt. Das sieht dann so aus: Einen Großteil des Tages verbringt die Katze schlafend oder ruhend. Wenn sie wach ist, wetzt sie ihre Krallen, sucht Verstecke auf, kundschaftet ihr Revier aus, stillt ihren Hunger und führt ein geselliges Leben, falls ihr danach zumute ist. Ermöglichen wir ihr nun, all diesen Aktivitäten in den eigenen vier Wänden nachzugehen, »schmiegt« Mieze sich ohne Mühe an.

Eine Wohnung mit verschiedenen Spazierwegen, mehreren Nischen, um sich zurückzuziehen, einem Aussichtsplatz am Fenster oder auf dem Balkon, Spielzeug zur Beschäftigung, dazu Ihre liebevolle Pflege und Zuwendung, und die Katze erfreut sich bei Ihnen eines abwechslungsreichen, glücklichen und gemütlichen Daseins. Immerhin kann eine Wohnungskatze ein längeres und geschützteres Leben führen als eine »freie« Katze. Das ist schließlich ein gewaltiger Vorteil gegenüber den Katzen, die selbst in ländlichen Gegenden nicht mehr ohne Gefahr umherstromen können.

Welche Katze paßt zu Ihnen?

Ob nun schwarzer, roter oder gefleckter Haustiger oder exotisches Rassetier, auf das Temperament kommt es an. Die folgenden Beschreibungen und Ratschläge sollen Ihnen helfen, die zu Ihnen passende Katze zu finden. Wenn Ihre Mieze sich am Ende aber doch anders entwickelt, tragen Sie es ihr nicht nach. Genaue Rezepte lassen sich bei einem so vielschichtigen Lebewesen nun einmal nicht geben.

Katzen-Temperamente	Tips zum Kennenlernen	Rassen mit diesen Eigenschaften
Die Gesellige geht nach einer kurzen Phase der Zurückhaltung freundlich auf Sie zu, läßt sich streicheln und am Kopf kraulen. Sie ist neugierig, aktiv und verspielt und schließt sich gern Kindern an.	Drängen Sie sich nicht auf. Warten Sie, bis die Katze freiwillig zum Schmusen oder Spielen kommt.	Maine Coone, Norwegische Waldkatze, Türkisch Angora, Somali, Birma, Ragdoll, Schottische Faltohrkatze
Die Ruhige ist ausgeglichen und zeigt sich verträglich im Kreise ihrer Katzengeschwister. Sie läßt sich Zeit mit der Kontaktaufnahme, weil sie mit Ruhe alles beschnüffelt und nichts übereilt.	Diese Katze bleibt auf ihrem Platz, das heißt, sie zieht sich nicht zurück, um zu beobachten. Wenn Sie diesen kleinen Unterschied erkennen, wissen Sie, wen Sie vor sich haben.	Perser, Kartäuser, Exotisch Kurzhaar
Die Schüchterne zieht sich erst einmal in einen Schlupfwinkel zurück und macht von dort aus ihre Beobachtungen. Wenn das Eis gebrochen ist, schließt sie sich besonders eng an »ihren« Menschen an.	Bei dieser Katze dürfen Sie nichts überstürzen. Zeigen Sie ihr mit Leckerbissen, daß sie bei Ihnen die erste Geige spielt. Sie dürfen sie aber auch nicht enttäuschen, da sie sich davon nur schwer erholt.	
Die Kapriziöse steht gern im Mittelpunkt und kann bei Nichtbeachtung stundenlang schmollen. Dieser recht temperamentvolle Katzentyp ist sehr menschenbezogen und braucht viel Zuwendung.	Solche Eigenschaften sind eher wesenstypisch für bestimmte Rassen. Das sollten Sie in Erwägung ziehen, bevor Sie Ihre Wahl treffen.	Abessinier, Burma, Orientalisch Kurzhaar, Rex, Russisch Blau, Siam

Eine Katze strahlt Ruhe aus, wenn sie sich schnurrend an »ihren« Menschen schmiegt.

Freiheit, die vermißte

Es ist die große Frage, ob Katzen, die keinen Auslauf haben, ihre Freiheit vermissen. Ich meine nein. Wenn sie von klein auf nie im Freien waren, fehlt ihnen das Gefühl dafür. Ja, sie sind sogar vollkommen überfordert, würde man ihnen hin und wieder einen Ausflug ins Grüne gewähren. Etwas anderes ist es, wenn sie regelmäßig am Wochenende oder in den Ferien in den Genuß des freien Auslaufs kommen. An Situationen, die zur Routine werden, können sie sich nämlich sehr schnell gewöhnen. So tummelten sich meine Katzen während der Ferien in unserem italienischen Haus nach Belieben auf der Piazza, doch auch die übrige Zeit des Jahres, die sie in der Wohnung verbrachten, wußten sie sich die Zeit zu vertreiben. Selbst als sie ein ganzes Jahr lang in Italien lebten, »fremdelten« sie beim Zurückkommen in die alte Wohnung nicht einen Augenblick, sondern besetzten, ohne zu zögern, ihre gewohnten Plätze.

Überlegungen vor der Anschaffung

Paßt eine Katze in Ihr Leben?

Eine Katze läßt sich eigentlich in jeden Haushalt einfügen, ganz gleich, ob er aus einer oder mehreren Personen, jungen oder alten, besteht. Dennoch gibt es ein paar Dinge, über die Sie sich vor der Anschaffung Ihrer neuen Wohnungsgenossin im klaren sein sollten. Schließlich haben Sie es in den nächsten 12 bis 15 Jahren, manchmal sogar noch länger, mit einer eigenwilligen Persönlichkeit zu tun.

<u>Single:</u> Alleinstehende, unabhängige Personen planen ihr Leben anders als familiär gebundene. Daher sollten Sie vorher überlegen, ob sich das Halten einer Katze mit den eigenen Zukunftsplänen vereinbaren läßt. Was geschieht, wenn ein Partner dazukommt, der Ihre Katze nicht mag? Wenn Sie beruflich unterwegs sind oder in Urlaub fahren (→ Seite 32)? Wenn Sie ins Krankenhaus oder auf Kur müssen?

<u>Ältere Menschen:</u> Für diese sind Katzen von ihrem Wesen her oft außerordentlich beruhigend, weil sie grenzenlosen Frieden ausstrahlen. Sie trösten in der Einsamkeit, sind nicht aufdringlich und anstrengend und können ohne Mühe versorgt werden. Doch auch hier sollten Sie sich vorher überlegen, was zu tun ist, wenn Sie verreisen wollen. Wenn Sie, was leider nicht von der Hand zu weisen ist, ins Krankenhaus, auf Kur, ins Alten- oder Pflegeheim müssen.

Mein Tip: Wenn Sie eine ältere Katze, zum Beispiel aus dem Tierheim (→ Seite 10), bei sich aufnehmen, verkürzt sich der Zeitraum, in dem Sie die Verantwortung für sie haben.

<u>Familie:</u> Selbst dem turbulentesten Haushalt kann sich eine Katze anpassen, vorausgesetzt, man hat nicht einen überängstlichen Typ gewählt. Kinder lernen gerade im Umgang mit Katzen, die Persönlichkeit eines Tiers zu respektieren. Festgelegt werden sollte, wer sich um sie kümmert, ihr regelmäßig Futter hinstellt und das Katzenklo reinigt.

Mein Tip: Falls Sie noch sehr kleine Kinder haben, die Sie aber zusammen mit einem Tier aufwachsen lassen möchten, empfiehlt sich eine jüngere, erwachsene Katze. Sie sollte an viele soziale Kontakte gewöhnt, lieb und sanft sein. So eine Katze ist in der Lage, sich dem ungestümen Zugriff kleiner Kinderhände zu erwehren, ohne zu kratzen und zu beißen (→ Katze und Kinder, Seite 28).

Fünf Fragen an den Katzenfreund

1. Sind Sie bereit, Ihrer Katze in der Wohnung so viel Abwechslung und Beschäftigung zu bieten, daß sie in ihren Verhaltensweisen nicht allzusehr eingeschränkt ist? Auch wenn sie den mangelnden Auslauf nicht vermißt, hat sie bestimmte Ansprüche an ihr Revier (→ Eine Wohnung nach Katzengeschmack, Seite 15).

2. Stört es Sie, daß Katzen je nach Beschaffenheit des Fells auf Teppich oder Couch Haare hinterlassen? Die Haare, die sie beim Putzen verschluckt haben, erbrechen und sich dafür oft den Teppich aussuchen? Katzenstreu in der Wohnung verteilen und um ihren Napf herum »dreckeln«? Das alles sind normale kätzische Eigenschaften und Verhaltensweisen.

Bevor Sie sich eine Katze anschaffen, sollten Sie sich im klaren sein, daß Sie es in den nächsten 15 bis 20 Jahren mit einer eigenwilligen Persönlichkeit zu tun haben und die Verantwortung für sie tragen.

3. Ist Ihnen klar, daß eine Katze regelmäßig geimpft werden muß (→ Seite 46), und daß das zusätzlich zur Ernährung und Haltung Geld kostet?
4. Haben Sie Rücksprache mit dem Vermieter gehalten? Da im Mietrecht die Rechtslage für oder gegen die Katzenhaltung nicht eindeutig ist, sollen Sie sich vorher kundig machen.
5. Sind Sie oder ein anderes Familienmitglied allergisch gegen Katzenhaare? Menschen mit einer Tierhaarallergie sollten keine Katzen halten.

Wie man zu einer Katze kommt

Junge Kätzchen: Man findet sie bei Freunden, Nachbarn oder über einen Anschlag im Katzenfachgeschäft. In jedem Fall können Sie sich ausführlich mit den Kätzchen befassen und am Ende dasjenige heraussuchen, das am besten zu Ihnen paßt (→ Seite 7). Dabei wirken viele Dinge prägend auf den Charakter der Jungen ein. Zum Beispiel hat eine auf »ihre« Menschen zugehende Mutterkatze Vertrauen und überträgt es auf ihre Kinder.
Mein Tip: Verfolgen Sie die Entwicklung der Jungen, um sich ein Bild von den einzelnen Typen zu machen. Schauen Sie, was sich beim Gerangel um die Milchquelle tut, wie die Kätzchen miteinander spielen, ob es mit dem Gang auf die Klokiste klappt und ob sie Besuchern gegenüber scheu sind.

Rassekatzen: Für sie müssen Sie nicht nur eine Menge Geld ausgeben, sondern haben sich auch in einen bestimmten Typ verliebt, der in erster Linie vom Aussehen festgelegt ist. Informieren Sie sich vorher, ob diese Rasse zu Ihnen paßt (→ Seite 7). Kaufen Sie sie am besten beim Züchter (→ Adressen, Seite 63) oder in einer guten Zoofachhandlung. Dazu Stammbaum und Impfpaß aushändigen lassen und sich erkundigen, ob das Kätzchen entwurmt ist (→ PRAXIS Gesundheits-Checkup, Seite 26)

Tierheim-Katzen: Herrenlose oder verlassene Tiere werden von Tierheimen oder privaten Katzenschutzorganisationen vermittelt, seit einigen Jahren auch übers Fernsehen. Der Abgabepreis deckt meist nur die Unkosten, da praktisch alle Katzen nach der Einlieferung geimpft, entwurmt und kastriert werden. Für die Haltung in der Wohnung eignen sich allerdings nur solche Katzen, die vorher schon bei Menschen gelebt haben.
Mein Tip: Versuchen Sie soviel wie möglich aus der Vergangenheit des Tieres zu erfahren. Beobachten Sie, ob die Katze faucht oder flieht beziehungsweise auf Sie zugeht, wenn Sie in ihre Nähe kommen.

Katzen über Zeitungsinserate: Hinter der Rubrik »Tiermarkt« stehende Anzeigen verbergen leider die verschieden-

Das Köpfchengeben ist eine Form der Kontaktaufnahme. Die Katze reibt dabei Backe oder Stirn an der Hand des Menschen.

sten Interessen. Da sind die Katzenfreunde, denen es wirklich nur um die gute Unterbringung der Jungen zu tun ist. Viele geben die Kätzchen kostenlos ab, es sei denn, sie haben schon die Impfungen sowie die Entwurmung durchführen lassen und wollen diese Auslagen erstattet haben. Daneben gibt es die Geschäftemacher, die ihre Katze nur zum Geldverdienen Junge kriegen lassen, und das sooft wie möglich. Sie verlangen eine Schutzgebühr – damit ist schlichtweg der Kaufpreis gemeint – und haben die Kätzchen meistens nicht impfen lassen. Oft inserieren auch Rassekatzenbesitzer, die sogenannte Liebhabertiere abgeben, sowie Züchter, die das Geschäft professionell betreiben (→ Rassekatzen, Seite 10).

Katzen aus dem Zoofachhandel: Meist handelt es sich hier um Spontankäufe, weil man sich in eines der munter-tapsig herumbalgenden Katzenkinder verliebt hat. Da es sich meist um Rassekatzen handelt, ist nicht nur wegen des Preises Umsicht geboten. Sehen Sie sich den Laden gut an, denn leider gibt es auch in dieser Branche reine Geschäftemacher. Ein guter Zoofachhändler wird seine Katzen sauber, mit Spiel- und Kuschelmöglichkeiten halten und ihnen neben einer artgerechten Ernährung auch die nötige Zuwendung schenken. Außerdem wird er Sie bei der Auswahl gut beraten.

Findelkatze: Meist kommt man während eines Urlaubs in einem der Mittelmeerländer zu so einem herrenlosen Streuner. Über das erste Mitleid hinaus sollten Sie sich im klaren sein, daß Sie nichts über dessen Vergangenheit wissen und er sich womöglich nie an das Leben in einer Stadtwohnung gewöhnen wird. Natürlich können Sie auch die besten Freunde werden. Auch die Überführung von einem Land ins andere ist oft mit Schwierigkeiten verbunden.

So wird die Katze richtig hochgehoben. Zum Tragen nehmen Sie die Katze in die Armbeuge und halten sie mit der anderen Hand fest.

Katze oder Kater?

Geschlechtsspezifische Wesensmerkmale im Verhalten mir gegenüber konnte ich an meinen Katzen nicht beobachten. Der Kater war ein rechter Schmuser, aber auch die beiden Kätzinnen sind äußerst anschmiegsam, wenn sie um ihre Streicheleinheiten buhlen.
Daran müssen Sie denken:
Eine Katze wird zwischen dem 6. und 12. Lebensmonat geschlechtsreif und dann zwei- bis dreimal im Jahr rollig, das heißt zur Paarung bereit. Da sie in der Wohnung normalerweise auf keinen Kater trifft, bleibt sie 10 Tage, manchmal sogar 2 bis 3 Wochen in Liebesstimmung.
Ein Kater wird im Alter von 9 Monaten geschlechtsreif und markiert dann sein Revier, indem er überall Urin herumspritzt. In der Wohnung stinkt das fürchterlich. Sie vermeiden diese Probleme, wenn Sie die Tiere kastrieren lassen (→ Seite 28).

Solch ein Kratz-/Spielbaum bietet der Katze immer Abwechslung.

Einzeltier oder Katzenpärchen?

Eine Katze, die in der Wohnung lebt, hat immer ein sicheres Dach über dem Kopf, gemütliche, warme Ruheplätzchen, einen stets gefüllten Futternapf und ein Revier, das ihr niemand streitig macht – wo bleiben da aus kätzischer Sicht die Herausforderungen? Mancher Katze, die den lieben langen Tag allein ist, weil »ihr« Mensch arbeiten muß, mag es wohl recht langweilig werden. Wenn es klappt mit der Freundschaft, halten sich zwei Katzen gegenseitig in Bewegung, spielen und schmusen mit-

einander oder bekämpfen sich. Keine Angst, sie werden Sie deswegen nicht links liegen lassen und Sie einträchtig »besetzen«, wann immer ihnen danach zumute ist.

Möglich sind

• zwei Geschwister aus einem Wurf;

• eine ältere und eine junge Katze, wobei die neue im Temperament gut zu der alteingesessenen passen sollte;

• zwei erwachsene Katzen; für sie braucht man viel Einfühlungsvermögen, um sie aneinander zu gewöhnen, und genügend Platz in der Wohnung, damit jede ihr eigenes Revier abstecken kann (→ nächster Abschnitt).

Katze und andere Katzen

Eine alteingesessene Katze mit einem neuen Kätzchen anzufreunden, ist eine Sache, die man mit Fingerspitzengefühl regeln muß. Denn die Altkatze betrachtet ja die Wohnung, in der sie bis dahin allein regiert hat, als ihr Eigentum und wird sie mit Zähnen und Klauen verteidigen. Im Freien würde der Neuankömmling das respektieren und sich unauffällig in die Büsche schlagen. In der Wohnung geht das nicht, und so reagiert die Altkatze mit Abwehr, Beleidigtsein, möglicherweise mit Verhaltensstörungen, frißt zum Beispiel nicht mehr oder verrichtet mitten auf dem Teppich ihr Geschäft. Wie Sie die beiden aneinandergewöhnen können, finden Sie auf Seite 24.

Hinweis: Manchmal terrorisiert nicht die alteingesessene Katze die neue, sondern umgekehrt. Wenn Sie dieses Problems nicht Herr werden, empfehle ich Ihnen, sich der Neuen wieder schnellstens zu entledigen.

Katze und andere Heimtiere

Katzen werden vor Tieren, die kleiner sind als sie, keine Angst haben, sie möglicherweise als Beute oder Spielzeug ansehen.

Tiere indessen, die gleich groß oder größer sind, gelten zumindest so lange als Feinde, bis die Katze sich vom Gegenteil überzeugen konnte.

Hund: Wenn Sie schon einen Hund haben, wird es kaum besondere Schwierigkeiten geben (außer er ist infolge schlechter Erfahrung bereits ein Katzenfeind).

Die angebliche Erbfeindschaft zwischen Hund und Katze ist nämlich ein Märchen. Feindseligkeiten zwischen beiden Tiere werden eigentlich immer nur durch »Sprachschwierigkeiten« ausgelöst. Schwanzwedeln bedeutet beim Hund kontaktbereite, freundliche Stimmung, während bei Katzen das Schlagen mit dem Schwanz gespannte Aufmerksamkeit, aber auch Gereiztheit und Aggressivität signalisiert.

Hunde beschnüffeln einander bereits beim ersten Kennenlernen auch am After. Katzen sind wesentlich zurückhaltender, beriechen sich erst nach einiger Zeit Schnäuzchen an Schnäuzchen. Sie reagieren auf rasche Annäherungsversuche, die sie als Angriff auffassen, mit Fauchen und drohendem Heben der Pfote. Dies wiederum bedeutet beim Hund: Spiel mit mir.

Gut geht es, wenn zwei Tiere von klein auf zusammen gehalten werden oder wenn zu einem erwachsenen Hund ein junges Kätzchen kommt. Es geht nur bedingt oder nicht gut, wenn zu einer erwachsenen, sehr im Mittelpunkt stehenden Katze ein junger Hund kommt. Sie kann ihn so unterdrücken, daß aus ihm ein ängstliches, unglückliches Tier wird, das sich ständig verkriecht.

Meerschweinchen und Hamster: Mit Meerschweinchen können Katzen sich

Das Haschen nach dem Ball ist ein typischer Katzengriff.

anfreunden, aber verlassen sollte man sich nicht darauf. Hamster werden sie wahrscheinlich als Beute ansehen.

Zwergkaninchen: Die beiden können eventuell aneinander gewöhnt werden.

Wellensittiche und Kanarienvögel: Katzen machen auf Vögel Jagd und fressen sie auf. Manchmal kommt es aber auch zu Freundschaften.

Papageien und größere Sittiche: Sie können eifersüchtig werden und die Katze mit ihren Schnäbeln verletzen, umgekehrt kann diese nach ihnen tatzeln und sie beißen.

Was die Katze alles braucht

Ein paar Gegenstände sollten bereits vorhanden sein und auch schon an dem vorgesehenen festen Platz stehen, wenn die neue Mitbewohnerin in die Wohnung kommt. Die Katze kann sie dann gleich bei ihren ersten Erkundungsgängen beschnuppern und sich daran gewöhnen.

Katzenkorb: Einem Korb, überdacht oder offen, kann keine Katze widerstehen. Sie wird sofort hineinklettern und es sich darin bequem machen. Aufwendig gepolstert braucht er gar nicht zu sein, es genügt ein Stück weicher Stoff. Allerdings ist nicht gesagt, daß sie die Nacht ausschließlich darin verbringt. Eine Katze sucht sich immer mehrere Ruheplätzchen.

Katzenklo: Im Fachhandel gibt es sie in drei Ausführungen:

• die einfache Plastikwanne, sie ist auch zum Reisen geeignet;
• die Plastikwanne mit aufgesetztem Rand, aus ihr kann die Katzenstreu nicht so leicht hinausfliegen;
• das Katzenklohaus mit Schublade, die sauberste Angelegenheit, da es Katzen gibt, die im Stehen urinieren. Dazu gehört
• die Katzenstreu: Sie ist weitgehend geruchsbindend und muß garantiert asbestfrei sein (auf den Hinweis achten!). In Packungen zwischen 4 und 20 kg erhältlich. Die im Zoofachhandel angebotene Biostreu ist umweltfreundlich und kann mit dem Naßmüll entsorgt werden. Sparsam im Verbrauch, da Exkremente in Klumpen gebunden werden, die man dann entfernt.
• eine Plastikschaufel, mit der Sie die festen Bestandteile aus der Wanne herausnehmen und in die Toilette werfen können.

Mein Tip: Es gibt Lieferanten, die Ihnen Katzenstreu und Futter direkt in die Wohnung liefern. Adressen im Katzenfachgeschäft.

Kletterbaum und Kratzbrett: Damit die Katze ihre Krallen nicht an Tapeten, Teppichen oder Polstermöbeln schärft, braucht sie einen Kratzbaum oder ein Kratzbrett (→ Katzengerechte Wohnung, Seite 16/17).

• Der Kratzbaum ist meistens zum Kletter- und Wohnbaum erweitert. Der Stamm ist mit Sisalhanf umwickelt, verschieden hohe Sitzflächen und Kuschelhöhlen laden zum Klettern, Sitzen und Herumhangeln ein (der Zoofachhandel bietet die unterschiedlichsten Varianten an). Der Kratzbaum muß standfest sein und wird am besten mit Winkelhakeneisen an Fußboden und Wand oder Decke befestigt.

• Kratzbrett: Es ist mit grobem Sisalhanf bespannt und wird so hoch an Wand, Möbel oder Türpfosten befestigt, daß sich die Katze daran aufrichten kann. Eine dicke, rutschfeste Fußmatte aus Sisal tut's auch.

Futter- und Trinknäpfe: Gebraucht werden pro Katze je ein bis zwei Futternäpfe (für Frisch- und Trockenfutter) und ein Wassernapf. Wie sie aussehen und aus was sie sind, ist der Katze egal, sie müssen nur möglichst dickwandig und standfest sein.

Katzengras: Katzen brauchen »Grünzeug«, wahrscheinlich, um die beim Putzen verschluckten Haare wieder zu erbrechen. Gewöhnen Sie sie an das für sie bestimmte Gras (aus dem Zoofachhandel), da viele Pflanzen in der Wohnung für sie giftig sind (→ So wird die Wohnung für die Katze sicher, Seite 22).

Hier läßt sich's gut klettern und Krallen wetzen.

Eine Wohnung nach Katzengeschmack

Eine Wohnung nach Katzengeschmack einzurichten, ist gar nicht schwer. Es kostet weder viel Geld, noch brauchen Sie Ihre eigenen Vorstellungen von Wohnkomfort zurückzustellen, um Ihrer neuen Mitbewohnerin das zu bieten, was sie für ihr Wohlbefinden braucht.

Einteilung des Reviers

Für die Katze ist die Wohnung genauso Revier wie die freie Wildbahn. Sobald sie sich eingewöhnt hat, betrachtet sie sie als ihr persönliches Eigentum, und dem befreundeten Menschen wird das Mitbewohnen sozusagen gutwillig gestattet. Hier hat sie sich mehrere sichere Ruheplätze auserkoren, die sie am liebsten allein »besitzt«. Darunter ist ein Ort, den die Katze im eigentlichen Sinne bewohnt. Es ist der ruhende Pol in ihrem Leben, meist ein Zimmer, vielleicht aber auch nur ein bevorzugtes Fleckchen, an dem sie viele Stunden am Tag verbringt. Nina, eine sehr zierliche Katze, hat auf dem schmalen Heizkörper in der Küche ihr gerade richtiges Plätzchen gefunden, und Matilda hüpft am liebsten auf den Küchenschrank. Von dort hat sie eine gute Aussicht.

Platzanspruch

In einer Einzimmerwohnung kann es eine Katze mindestens so interessant haben wie in einer ganzen Etage. Von kätzischer Sicht aus ist es die Vielfalt, die für die Anregung sorgt, wobei Gefahren natürlich ausgeschlossen sein sollten (→ Seite 22). So ist ein Raum, den die Katze, ohne sich zu bewegen, von einem einzigen Punkt aus beobachten kann,

auf die Dauer langweilig und reizlos. Um ihr möglichst viel Abwechslung, Bewegung, Anregung und Freiheit zu bieten, sollte die Wohnung dem natürlichen Lebensraum angeglichen sein. Tabuzonen darf es darin nicht geben, das heißt, Mieze muß zu allen Räumen Zutritt haben.

Einzimmerwohnung: Mit ein bißchen Phantasie läßt sie sich so aufteilen, daß sich darin interessante, attraktive Schlupfwinkel und Nischen ergeben. Erweitern Sie den Raum nach oben, indem Sie für erhöhte Sitzplätze sorgen, zum Beispiel auf dem Schrank, auf Regalbrettern und/oder auf dem Kletterbaum. Aus dem Fenster gucken liebt Mieze auch sehr. Das ist für sie wie Fernsehen. Gesicherte Fenster- und Balkonplätze (wenn vorhanden) lassen sich leicht herstellen (→ Seite 17).

Mehrzimmerwohnung: Kurzweiliger sind mehrere Räume, darunter auch Küche und Bad. Sie lassen sich immer mal wieder untersuchen. Die Katze hat nämlich unzählige Male am Tag das Bedürfnis, einen Rundgang durch ihr Territorium zu machen. Diese Inspektionsgänge wiederholt sie in kurzen Abständen, doch wehe, wenn sie durch Türen daran gehindert ist. Beharrlich maunzend sitzt sie davor, und wenn sie nicht gleich aufgehen, kratzt und scharrt sie, was unschöne Spuren hinterläßt. Türen also offenlassen.

Im übrigen hat die Katze auch hier sicherlich nichts gegen ein paar »Mastkörbe«, von denen aus sie die Lage peilen kann, ohne selbst gesehen zu werden.

Die Wohnungseinrichtung katzengerecht zu gestalten ist gar nicht so kompliziert. Ein freies Plätzchen auf dem Schrank sorgt für eine gute Aussicht, ein paar Regalbretter ermöglichen aufregende Kletterpartien und das Fensterbrett bietet interessante Beobachtungsmöglichkeiten.

Die Wohnung katzengerecht einrichten

<u>Katzenklo</u> ①: In unserer Musterwohnung steht es im Bad. Meistens ist es dort dunkel und ruhig, und das mag die Katze. Nicht vergessen, die Tür offen zu lassen (→ Seite 15).

<u>Kratzmöbel:</u> Wollen Sie in Ihrer Wohnung keinen Kratzbaum ⑥ herumstehen haben (er entspricht nicht unbedingt jedermanns Geschmack), können Sie zum Beispiel den Schuhschrank ② im Flur oder einen anderen Schrank mit einem Stück Teppich bespannen. Daran kann Mieze sich austoben. Wichtig ist natürlich, daß die Kratzgelegenheit dort plaziert ist, wo die Katze gewöhnlich vorbeikommt (→ Seite 18).

Die Wohnung nach Katzengeschmack einzurichten ist nicht schwer. Wie sie aussehen könnte, zeigt unsere Zeichnung. Die nachstehenden Tips und Anregungen sollen Ihnen helfen, geeignete Lösungen auch für Ihre Wohnung zu finden.

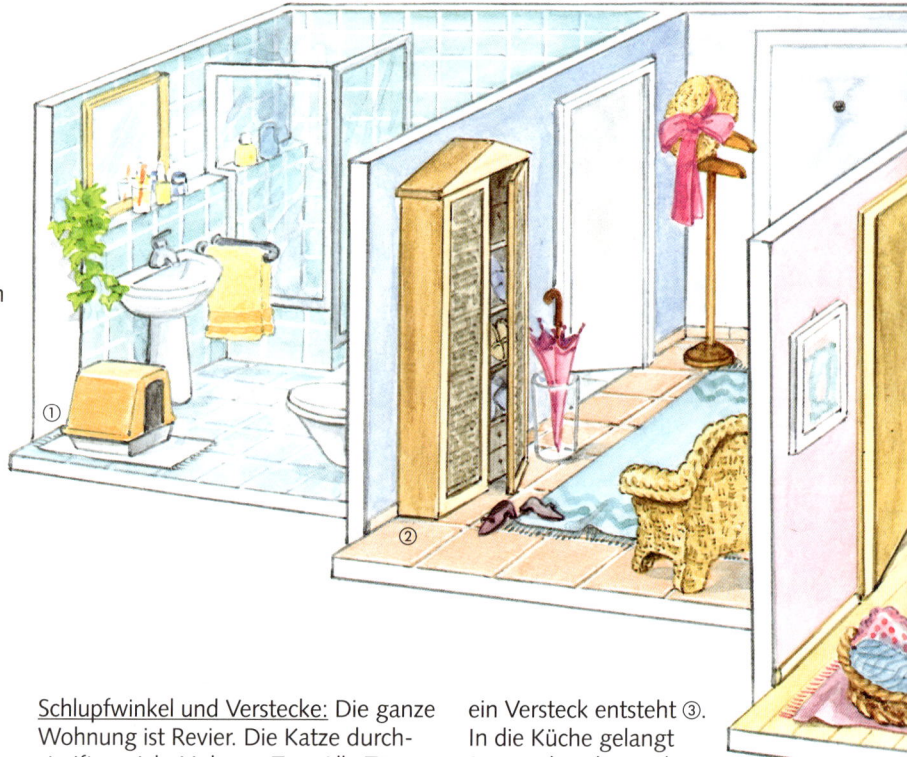

<u>Schlupfwinkel und Verstecke:</u> Die ganze Wohnung ist Revier. Die Katze durchstreift es viele Male am Tag. Alle Türen (außer der Wohnungstür!) unbedingt offen lassen. Schon allein durch die Anordnung der Möbel können Sie interessante und attraktive Schlupfwinkel und Nischen schaffen. Rücken Sie das Sofa so in den Raum, daß dahinter ein Versteck entsteht ③. In die Küche gelangt Mieze über das Tischregal ④ oder unten durch. In die Kuschelhöhle ⑤ auf dem Kratzbaum ⑥ kann sie hineinkriechen, unter die Zeitungsdächer ⑦ kann sie schlüpfen. Auch Kartons ⑧ sind als Spiel- und Versteckmöglichkeit sehr beliebt.

Katzenpfad ⑨: Er besteht aus Regalbrettern, die Sie mit Teppichboden polstern und unter der Zimmerdecke montieren. Um hinaufzugelangen, braucht sie eine Leiter ⑩. Dafür können Sie sich einen Schrank zunutze machen, an dem Sie eine ebenfalls mit Teppich bespannte Drahtleiter standsicher befestigen.

Klettern und Balancieren: Leiter ⑩ und Kratzbaum ⑥ bieten der Katze wunderbare Klettermöglichkeiten. Ein dickes Hanfseil ⑪, zwischen Kletterbaum und Wand gespannt, lädt zum Balancieren ein. Auch solch ein raumteilendes Element wie die Querstange ⑫ zwischen Wohn- und Schlafzimmer wird Mieze gern benutzen. Es sollte vierkantig sein.

Aussichtsplatz Balkon ⑬: Ein Brett in Höhe der Balkonbrüstung reicht dafür vollkommen. Der Balkon muß natürlich durch ein Netz gesichert sein (→ Seite 19).

Kratz- und Kletterbaum

In einer katzengerechten Wohnung ist eine Kratzmöglichkeit unumgänglich. Die Katze braucht sie aus mehreren Gründen. Sie schärft ihre Krallen, trainiert dabei den Ausstreck- und Einziehmechanismus, zeigt Überlegenheit, reagiert Frust und Ärger ab und markiert. Sie sehen, wie wichtig dieses Möbelstück ist, sonst »vergreift« sich Mieze nämlich an Ihrer Einrichtung.

Sie können so ein Möbel kaufen oder,

Unermüdlich spielen Kätzchen, nicht zuletzt, weil sich der andere auf dieser Holzwippe so herrlich foppen läßt. Sie ist leicht nachzubauen.

wenn Sie handwerklich begabt sind, nach Ihrem Geschmack basteln.

Anfertigung: Die tragende Säule, ein Rund- oder Vierkantholz (in Baumärkten oder Gartencentern zu kaufen) mit robustem Teppichboden bekleben (es muß nicht immer Sisalhanf sein). Naturnaher ist ein massiver Stamm, möglichst noch mit Rinde. Mit Winkeleisen an Fußboden und Wand oder Decke befestigen, damit der Baum standfest ist. Regalbretter auf verschiedener Höhe, mit Teppichboden gepolstert, laden zum Sitzen ein. Ein dickes Seil spannen, auf dem die Katze

balancieren oder turnen kann; Stanniolkugeln, Fellstückchen und bunte Bänder an Gummibändern aufhängen. Damit läßt sich natürlich auch jeder gekaufte Kletterbaum interessant machen.

Standort: Plazieren Sie ihn so, daß die Katze auf ihrem morgendlichen Weg zum Putzplatz oder Futternapf daran vorbeikommt. Während sie an ihm kratzt, frischt sie ihre Markierungszeichen auf. An der Unterseite der Vorderpfoten sitzen nämlich Duftdrüsen, mit denen die Katze auf dem Kratzbaum herumreibt. Und lebt sie gar mit einer anderen Katze zusammen, die in der Zwischenzeit daran zugange war, wird sie den Kratzbaum geradezu mit Inbrunst bearbeiten, um darüber zu markieren.

Auch ein an der Wand befestigtes Kratzbrett oder ein einfacher Sisalteppich mit rutschfester Unterlage ist geeignet. Bei mir liegt er auf dem Flur, weil meine Katzen auf dem Weg von ihren Schlafplätzen zur Futterstelle dort vorbeikommen – gäbe es da nicht noch einen kleinen gepolsterten Hocker, auf den ich mich beim Telefonieren setze. Offensichtlich ist es mein ihm anhaftender Geruch, der die Katze Nina immer wieder zu der Unart herausfordert, ihren Duft mittels Kratzen hinzuzufügen.

Schlafplätze

Sei es nun ein Korb oder ein Karton, der Katze ist das einerlei. Hauptsache, er steht an einem warmen Ort. Und ob Mieze nun tatsächlich ihre Nächte darin verbringt, ist auch nicht gesagt. Der Platz unter der Bettdecke ist es, der die ehemalige Höhlenbewohnerin magisch anzieht, und außerdem: Was ist schöner, als dicht an »seinen« Menschen gekuschelt die Nacht zu verbringen. Um ihr das abzugewöhnen, müssen Sie eine noch größere Hartnäckigkeit an den Tag legen als die Katze.

Jedenfalls sollten Sie in einer Wohnung nach Katzengeschmack dafür sorgen, daß Ihr Vierbeiner hie und da so eine Höhle findet – möglichst erhöht, zum Beispiel auf dem Kletterbaum oder in einem Regalfach.

Katzenklo

Katzen verscharren ihre Hinterlassenschaften, nicht so sehr aus Reinlichkeit, sondern als Zeichen der Rangordnung. Dominierende, freilebende Katzen lassen ihren Kot an möglichst auffallenden Stellen als »Duftdrohung« unbedeckt. Freundliche oder untergeordnete Katzen hingegen verscharren ihn. Deswegen tun sie es auch im Zusammenleben mit dem Menschen, vorausgesetzt, dieses ist harmonisch und störungsfrei. Damit es immer so bleibt, müssen Sie einige Voraussetzungen erfüllen.

<u>Platz:</u> An einem ruhigen, geschützten Ort, wo die Katze unbeobachtet ist, zum Beispiel Toilette oder Bad. Auf keinen Fall in der Nähe des Futternapfs, das würde sie am Fressen hindern. Mieze muß immer Zugang haben, weil jede Irritation Anlaß für einen Klogang sein kann.

<u>Sauberhaltung:</u> Katzenstreu 3 bis 4 cm hoch einstreuen. Täglich Kot und feuchte Streu entfernen und etwas frische Streu nachschütten (→ Biostreu, Seite 14). Einmal pro Woche sämtliche Streu in eine Plastiktüte füllen und auf den Müll tragen. Nicht in die Toilette schütten! Katzenklo mit heißem Wasser ausspülen. Kein Spül- oder Desinfektionsmittel benützen! Trockenwischen und frische Streu einfüllen.

Katzen sind äußerst penibel und reagieren auf Unruhe oder mangelnde Sauberkeit sozusagen postwendend. Matilda setzt sich aus Protest dann regelmäßig auf saubere, sprich weiße Stellen – auf frisch gewaschene Wäsche oder, wie jüngst, auf einen Karton mit Briefumschlägen.

Auslauf auf dem Balkon

Eine Wohnungskatze, deren Revier sich auch noch über Balkon oder Dachterrasse erstreckt, kann sich glücklich schätzen. Hier hat sie Luft und Sonne sowie die Möglichkeit, je nach Lust und Laune, verschiedene Beobachtungsposten mit wechselndem »Programm« aufzusuchen. Das bringt noch mehr Abwechslung und Unterhaltung in ihr Leben. Dabei muß sie immer zwischen Sonne und Schatten wählen und nach Wunsch in die Wohnung zurück können.

Denken Sie noch an folgendes:

• Sicherung des Balkons. Damit die Katze nicht aus Versehen einmal abstürzt, müssen Sie Ihren Balkon sichern, zum Beispiel mit einem dünnen Nylonnetz. Das schützt die Katze und »vergittert« Ihnen nicht die Aussicht. Es gibt Vermieter, die dagegen Einwände erheben. Klären Sie das also vorher.

• Sicherung der Dachterrasse. Denken Sie sowohl an die Gefahr des Absturzes als auch daran, daß es zu Konflikten mit dem Nachbarn kommen kann, wenn die Katze übers Dach spaziert und in fremde Wohnungen steigt.

• Gestaltung. Je nach Platz können Sie einen natürlichen Kratz- und Kletterbaum mit Aussichtsplätzen aufstellen. Sorgen Sie zwischen den Blumenkästen für ein oder zwei Ruheplätze.

Denken Sie auch an das Kästchen mit Katzengras, damit sich Mieze nicht an Ihren Pflanzen vergreift (→ So wird die Wohnung für die Katze sicher, Seite 22).

Katzen durchstreifen ihr Revier – in diesem Fall die Wohnung – unzählige Male am Tag. Außer der Wohnungstür sollte deshalb keine Tür für sie verschlossen sein, sonst hinterläßt sie, bei dem Versuch, sie aufzumachen, unschöne Kratzspuren.

Typisch Katze

Auch in der Wohnung zeigt die Katze alle ihr eigenen Verhaltensweisen und Gewohnheiten. Lernen Sie sie deuten und damit Ihr Tier besser verstehen.

Das Beutespiel mit der Fellmaus.

Krallenwetzen wird mit Inbrunst betrieben.

Foto links: Wolle reizt wegen ihrer Weichheit und dem Verwirrspiel der Fäden.

Foto rechts: Trotz aller Spannung vollkommen gelöst – so kann nur eine Katze daliegen.

Milch aus einem engen Glas trinken …   *für Katze kein Problem.*

So wird die Wohnung für die Katze sicher

Gefahrenquellen	Mögliche Auswirkungen	Vermeiden der Gefahr
Balkone und offene Fenster	Absturzgefahr	Mit Draht oder Nylonnetz sichern.
Offenstehende Kipp-fenster	Beim Sprung durch den Schlitz kann die Katze hängenbleiben und sich strangulieren.	Mit speziellen Einsätzen sichern.
»Höhlen« wie offen-stehende Schränke und Schubladen, Wasch- und Spülmaschine, Boden-vasen, Plastiktüten, schmale Spalten und Luken	Alle dunklen Löcher ziehen Katzen magisch an, und schnell stecken sie in der Falle, sind eingeklemmt oder können ersticken (→ Zeich-nung, unten).	Nachschauen vor dem Schließen von Schubladen und Schranktüren oder vor dem Maschinenanstellen (auch Mikrowellenherd und Tief-kühltruhe). Leere Vasen abdecken, Spalten hinter und unter Möbel-stücken verkleiden.
Türen, die Katzen durch Hinaufspringen auf die Klinke öffnen können.	Im Falle der Wohnungstür kann das zu bösen Überraschungen führen.	Klinke durch Knauf ersetzen oder die Tür immer abschließen.
Heiße Platten, offene Pfannen und Töpfe, in denen es brutzelt und brodelt, Stövchen, Bügeleisen, Kerzen und brennende Zigaretten	Neugierige Katzen können sich die Pfoten verbrennen.	Vor Verlassen der Küche Töpfe und Pfannen zudecken oder auf eine noch heiße Herdplatte einen zugedeckten Topf mit Wasser stellen. Bügeleisen abschalten, Stövchenflamme und Kerzen lö-schen, brennende Zigaretten und Kippen nicht herumliegen lassen.
Näh- und Stecknadeln	Katze kann hineintreten oder sie verschlucken.	Nichts herumliegen lassen.
Wasch- und Putzmittel, Chemikalien, Tabletten	Vergiften	Alles, was Kindern gefährlich ist, gilt auch für Kätzchen, also weg-schließen.
Pflanzen, zum Beispiel Alpenveilchen, Azalee, Dieffenbachie, Efeu, Hyazinthe, Philodendron, Primel, Weihnachtsstern	Vergiften	Im allgemeinen sind Katzen so instinktsicher, daß sie nur an un-giftigen knabbern; unerfahrenen Katzen sollte man den Zugang verwehren.

»Höhlen« wie etwa die Trommel einer Waschmaschine ziehen Katzen magisch an.

Ein Kätzchen kommt ins Haus

Endlich ist es soweit. Sie können die Katze holen. Der Transportbehälter – sei er nun aus Korb oder ein Kennel aus Kunststoff – steht für diesen Augenblick schon längst bereit. Fahren Sie im Auto und zu zweit. Da kann einer während der Fahrt beruhigend mit dem Tier reden. Zu Hause stellen Sie den Korb auf seinen Platz und öffnen die Tür.

Eingewöhnung der jungen Katze

Am besten, Sie lassen das Kleine zuerst nur in einem Zimmer laufen (bei einer Einzimmerwohnung erübrigt sich das natürlich). Stellen Sie das Katzenklo mit hinein, dazu ein Schälchen mit dem Futter, an das das Kätzchen gewöhnt ist (beim Vorbesitzer erkundigen), und ein Schälchen mit Wasser. Hocken Sie sich neben den Korb, und locken Sie das Tierchen leise mit seinem Namen. Sicher wird es vor sich hin miauen, um die Mutter und Geschwister herbeizurufen. Antworten Sie ihm mit sanfter Stimme, damit es sich an Sie gewöhnen kann. Bald wird das Kätzchen sich neugierig hervorwagen und sein Heim in Augenschein nehmen. Vorsichtig auf dem Bauch kriechend schleicht es an den Wänden entlang, versteckt sich unter Sofa, Sessel und Schrank und darf dort auch nicht hervorgezogen werden. Sie sollten es in diesen ersten Stunden und Tagen möglichst wenig allein lassen. Die Bindung junger Katzen an Mutter und Geschwister ist sehr eng. Sie müssen dem kleinen Kerl den Verlust ersetzen, ihn streicheln, kraulen und mit ihm spielen. Seien Sie immer darauf gefaßt, daß das Kätzchen Ihnen vertraussselig zwischen die Beine läuft und sich mit dem Köpfchen reibt, an Ihnen hochzuklettern versucht und keine Ahnung hat, daß zuklappende Türen lebensgefährlich sein können. Deshalb beim Türenschließen immer genau hinsehen. Auch kann so ein kleiner Kerl in unmögliche Situationen geraten. Da müssen Sie Ihre Augen überall haben.

Eingewöhnen der älteren Katze

Im Prinzip wird sich die Eingewöhnung nicht anders abspielen als beim jungen Kätzchen. Doch da die Katze in ihrer alten Umgebung schon eine Prägung erfahren hat, müssen Sie sich besonders darauf einstellen und Rücksicht nehmen.

Die ängstliche Katze: Möglicherweise hat sie schlechte Erfahrungen mit Menschen gemacht. Versuchen Sie herauszufinden, wovor sie Angst hat. Das können Bewegungen, Geräusche oder viel Trubel in der Familie sein. Vielleicht haben Sie schon ein anderes Heimtier, einen Hund oder einen Papagei, vor dem sie sich fürchtet. Üben Sie keinen Zwang aus, und lassen Sie der Katze immer den Rückzug in ein Versteck. Sie braucht viel Ruhe und darf nicht durch unvermitteltes Auf-sie-Zukommen erschreckt werden. Das würde sie nur noch scheuer machen.

Die schwierige Katze: Sie haben sie aus dem Tierheim geholt, und nun kratzt und beißt sie, wenn Sie sie anfassen wollen. Da hilft nur Liebe und Geduld. Greifen Sie nicht nach ihr, stellen Sie ihr regelmäßig zu fressen hin, und verhal-

Ein Kätzchen, das gerade von Mutter und Geschwistern getrennt wurde, braucht viel Verständnis und Zuwendung, wenn es in sein neues Heim – Ihre Wohnung – kommt. Lassen Sie das Tierchen in den ersten Stunden und Tagen möglichst wenig allein.

Über die Leiter gelangt die Katze zu einem erhöhten Aussichtsplatz.

Alte Katze und Neuankömmling

Als meine Burmakatze Nina ihren Gefährten verlor, wirkte sie sehr traurig und verlassen. So beschlossen wir, ihr wieder ein Kätzchen zuzugesellen. Daß das keine Liebe auf den ersten Blick sein würde, war klar. Es liegt in der Natur der Katze, daß sie die Wohnung als ihr persönliches Eigentum betrachtet und gegen Artgenossen verteidigt (→ Katze und andere Katzen, Seite 12). Da lassen sie nicht mit sich spaßen, nicht einmal, wenn es sich um ein junges Kätzchen handelt. Allerdings haben die die Unverfrorenheit der Jugend, und das sollte man bei der Aneinandergewöhnung ausnutzen. Lassen Sie also das neue Kätzchen erst einmal die Wohnung erkunden. Währenddessen setzen Sie sich mit der Altkatze auf dem Schoß in Ihren gewohnten Sessel, streicheln Sie sie und reden Sie beruhigend auf sie ein. Das wirkt entspannend, und vielleicht fängt sie dann zu schnurren an. Ein dem Neuankömmling vertrautes Geräusch, dem er sicherlich nachgehen wird. Duldet die Altkatze, daß die Neue mit ihr Nasenkontakt aufnimmt, ist ein erster Schritt getan. Meist läßt sich ein kleines Kätzchen auch nicht so schnell von Fauchen oder einem Tatzenhieb einschüchtern. Unbekümmert wird es hinter der großen herlaufen, ihr alles nachmachen und sie mit drolligen Sprüngen zum Spielen auffordern. Auf die Dauer wird die Altkatze, menschlich gesprochen, diesem gebündelten Charme nicht widerstehen können und Abwechslung und Zerstreuung, die in ihr Leben eingebrochen sind, zu schätzen wissen.

Selbstverständlich sollte jedes Tier seinen eigenen Futternapf und möglichst auch sein eigenes Katzenklo haben. Ganz zu schweigen von einem eigenen Schlafplätzchen, das sich Katze aber sowieso nach eigenem Gutdünken auserwählt und auch verteidigt.

ten Sie sich ruhig und gelassen. Allmählich wird sie Sie kennenlernen und Zutrauen gewinnen.

Schwierig wird es für eine Katze auch, sich nach vielen Jahren des Zusammenlebens mit einem Menschen an einen neuen zu gewöhnen. Sie hat so an Herrchen oder Frauchen gehangen, daß sie sich vor Heimweh und Kummer nun ganz verzehrt. Hier läßt sich eventuell mit homöopathischen Heilmitteln, die aufbauend wirken, helfen. Beraten Sie sich mit einem Tierarzt, der Erfahrung in homöopathischer Behandlung hat.

Katze und Hund

<u>Junger Hund:</u> Sind beide jung, brauchen Sie kaum einzugreifen. Viel zu neugierig und unbekümmert, um sich gegenseitig ans Leder zu wollen, lernt jeder spielerisch und selbstverständlich des anderen Sprache (→ Katze und andere Heimtiere, Seite 13). Dadurch können sie in Frieden leben und zu Freunden werden.

<u>Erwachsener Hund:</u> Einem gut erzogenen Hund können Sie beibringen, daß das Kätzchen von nun an zu seinem Rudel gehört.

• Halten Sie die beiden so lange getrennt, bis das Kätzchen den ersten Erkundungsgang in der neuen Umgebung hinter sich hat.

• Lassen Sie nun den Hund herein, und geben Sie ihm das Kommando »Sitz«. Ist er sehr temperamentvoll, legen Sie ihn an die Leine, damit er nicht hinter dem Kätzchen herrennen kann. Das wird sich ihm nämlich neugierig nähern, jedoch sofort fliehen, sobald der Hund sich bewegt.

• Sorgen Sie lediglich dafür, daß er dem Kätzchen nichts tut. Alles andere nimmt seinen Lauf, und bald wird der Hund seine Beschützerrolle auch dem Neuankömmling gegenüber spielen. Zwischen den beiden kann eine richtige Kumpanei entstehen. Wenn meine Katze Miou-Miou etwas vom Tisch klaute, ließ sie dem getreulich wartenden Hund Willy immer etwas zukommen. Vielleicht wollte sie aber auch nur verhindern, daß er bellte.

Katze und Kinder

Wenn das Kätzchen noch jung ist, sollten Sie Ihrem Kind zeigen, wie man es richtig hochnimmt und trägt, wie man es streichelt, nämlich nicht gegen den Strich, und was es für Spiele gibt (→ PRAXIS Spielen, Seite 38/39). Schärfen Sie ihm ein, daß es das Kätzchen nicht baden darf, weil ihm das nicht bekommt.

Dort geht der Katzenpfad weiter über Schrank und Regalbretter.

Eine erwachsene Katze kann sich allzu heftiger Liebesbezeugungen selbst erwehren. Sie geht einfach ihrer Wege oder faucht und zeigt ihre Krallen. Fatal wäre es, wenn Sie die Katze für Ihr Kind angeschafft haben und nun erwarten, daß es die Verantwortung allein übernimmt. Immer müssen Sie ein Auge darauf haben und Ihr Kind anleiten, damit das Tier auch richtig gepflegt und gefüttert wird. Mit einem schlafenden Baby sollten Sie eine Katze allerdings nie allein lassen. Sie könnte sich auf Brust und Kopf des Kindes legen – mit tragischen Folgen.

Woran Sie ein gesundes Kätzchen erkennen

Beim Aussuchen eines jungen Kätzchens kommt es nicht nur auf das süße Aussehen, sondern auch auf sein Wohlbefinden an. Gesunde Katzenkinder spielen und toben viel. Dazwischen legen sie Schlafpausen ein, oft ohne Übergang aus vollem Spiel heraus. Unbekannten Menschen gegenüber sind sie zwar vorsichtig, aber doch neugierig interessiert. Kranke Kätzchen hingegen sitzen teilnahmslos herum, oft sogar regelrecht apathisch. Worauf Sie im einzelnen achten sollten, ist nachfolgend beschrieben:
• Das Fell fühlt sich dicht und weich an, nie struppig, wenn auch der Babypelz noch nicht so glatt und glänzend ist wie die Behaarung erwachsener Katzen.
• die Augen sind klar und glänzend; sie dürfen weder tränen noch irgendwelche Absonderungen zeigen.
• Die Nase ist trocken und warm, aber nicht heiß.
• Die Ohren reagieren auf alle Geräusche der Umwelt und sind innen ganz sauber. Schütteln und/oder Schiefhalten des Kopfes deutet auf eine Ohrenentzündung hin.
• Der Afterbereich muß sauber sein. Verschmutzungen und Verklebungen zeigen Durchfall an.
• Der Bauch darf nicht sehr dick und aufgetrieben wirken, außer direkt nach der Fütterung, da manche Katzenkinder recht unmäßig sein können.
• Der Körper des Kätzchens soll rundum gut gepolstert sein und sich nicht federleicht anfühlen, wenn man es hochnimmt.

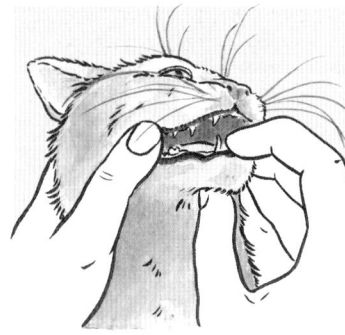

1 | Untersuchen Sie das Gebiß Ihrer Katze regelmäßig auf Zahnsteinbildung.

Regelmäßige Kontrolluntersuchungen

Katzen eilt der Ruf voraus, daß sie zäh, abgehärtet und widerstandsfähiger gegen Krankheiten sind als viele andere Tiere. Zur Erhaltung dieser natürlichen Widerstandskräfte können Sie beitragen, indem Sie von Zeit zu Zeit die folgenden Kontrolluntersuchungen durchführen. Vergessen Sie aber nicht, daß der erfolgreichste Weg, Ihre Katze gesund zu erhalten, die artgerechte Haltung und Pflege ist (→ Seite 15). Das bedeutet für das Tier, daß es genauso leben kann, wie es seiner Art zukommt. Sitzt es einmal lustlos und gelangweilt herum, muß das nicht gleich an einer Gesundheitsstörung liegen.

Zahnkontrolle
Zeichnung 1

Etwa 3 Wochen nach der Geburt bekommt das Kätzchen seine Milchzähne, die ungefähr ab dem 5. Lebensmonat von den dauernden Zähnen ersetzt werden. Der Zahnwechsel vollzieht sich fast unbemerkt, die Milchzähne werden entweder ausgespuckt oder verschluckt. Das Milchgebiß besteht aus 26, das Dauergebiß aus 30 Zähnen.

Achten Sie bei der Kontrolle auf folgendes:

Zahnsteinbildung: Wird bei Katzen gefördert durch zu weiches Futter und hartes Trinkwasser. Vorbeugen können Sie, indem Sie der Katze einmal pro Woche einen kleinen Kalbsknochen oder -knorpel zum Knabbern geben und abgekochtes Wasser zum Trinken reichen. Zahnstein sollte vom Tierarzt entfernt werden.

Zahnfleischentzündungen: Sie entstehen oft durch Zahnstein oder durch Infektionen im Mund und Rachen. Man erkennt sie an einer roten Linie am Zahnfleisch, außerdem stinkt die Katze aus dem Maul.

Afterkontrolle
Zeichnung 2

Kotverklebungen am After deuten auf Durchfall hin, der vielfältige Ursachen haben kann, zum Beispiel Verdauungsstörungen durch falsche Ernährung, Parasitenbefall des Darms, Infektionen oder Viruserkrankungen. Durchfall ist also, vor allem wenn er länger anhält, immer ein Alarmsignal des Körpers und muß sorgfältig beobachtet wer-

den (→ Gesundheitsvorsorge und Pflege bei Krankheiten, Seite 46). Am besten den Tierarzt zu Rate ziehen.
Die verklebte Afterregion wird mit einem feuchten Tuch gereinigt.

2│ Wenn die Afterregion verklebt ist, kann dies auf Durchfall hindeuten.

Hautkontrolle

Hautkrankheiten können sich bei Katzen sehr rasch entwickeln. Sie sollten deshalb die Haut regelmäßig kontrollieren, um eine mögliche Krankheit im Keim zu ersticken. Das ist auch wichtig für Sie, da manche Hautkrankheiten auf den Menschen übertragbar sind (→ Seite 47). Gehen Sie mit der Katze also frühzeitig zum Tierarzt.
Deutliches Anzeichen, daß mit der Haut etwas nicht stimmt, ist ständiges Kratzen an bestimmten Stellen.
Hautpilzerkrankungen, zum Beispiel die Mikrosporie, sind an kreisrunden, haarlosen Stellen zu erkennen, die zum Teil starke Krusten- beziehungsweise Schuppenbildung aufweisen. Die Haare

werden an diesen Stellen brüchig und fallen oft aus. Meist ist der Juckreiz nur schwach ausgeprägt.
Parasiten wie Flöhe sind an entzündeten Hautstellen und Haarausfall zu erkennen.
Ihre Katze kann aber auch unter Allergien leiden oder an Hormonstörungen. Richtig erkannt und sachgemäß behandelt werden können alle diese Erkrankungen nur vom Tierarzt.

Ohrenkontrolle
Zeichnung 3
Katzenohren können innerlich von Ohrmilben, äußerlich von einer Hautkrankheit befallen werden oder sich entzünden. Bei regelmäßiger Kontrolle lassen sich solche Erkrankungen rechtzeitig erkennen und sofort behandeln, damit sie nicht schlimmer werden. Anzeichen sind dauerndes Kopfschütteln und Kratzen am Ohr. Schmieriger Belag und braune Verkrustungen bedeuten Ohrmilben, stark gerötete und entzündete Haut im Gehörgang (mit einer Taschenlampe hineinleuchten) ein Zeichen für Ohrenentzündung, kleine kahle Stellen an den Ohren weisen auf eine Hautkrankheit hin.
Sobald Sie eines oder mehrere der genannten Krankheitsanzeichen bei Ihrer Katze feststellen, sollten Sie umgehend einen Tierarzt zu Rate ziehen.

Augenkontrolle
Die Augen der Katze sind normalerweise klar und rein. Bei Bindehautentzündung hingegen sind sie gerötet und druckempfindlich, der Ausfluß ist schmie-

riggelb, und die Nickhaut schiebt sich als weiß-rosa Haut vom unteren Lid und Nasenwinkel über den Augapfel hoch.
Manchmal geraten Fremdkörper ins Auge, zum Beispiel ein Härchen, eine Faser, ein Sandkorn. Anzeichen dafür ist plötzlicher, reichlicher Tränenfluß auf einem Auge. Wenn der Fremdkörper die Augenoberfläche durchbohrt hat, verursacht er heftige Schmerzen. Selbst wenn Sie ihn sehen können, sollten Sie ihn nur vom Tierarzt entfernen lassen.
Besonders Perserkatzen mit ihren großen Augen, engem Bindehautsack und kurzem eingedrückten Nasenteil (»Stop«) sondern ständig Tränenflüssigkeit ab. Gegen diese rassebe-

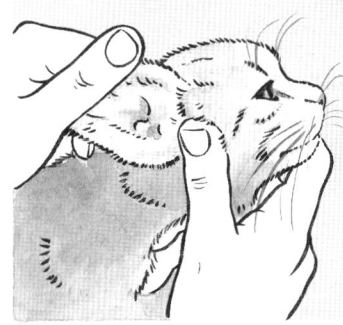

3│ Bei der Ohrenkontrolle läßt sich ein etwaiger Befall mit Ohrmilben frühzeitig erkennen.

dingte Veranlagung kann leider auch der Tierarzt nichts machen. Hier hilft nur die tägliche Reinigung mit einem angefeuchteten weichen Papiertaschentuch (→ PRAXIS Pflege, Seite 34/35).

Was die Katze lernen sollte

Im allgemeinen bietet die Erziehung der jungen Katze keine größeren Probleme. Sie ist ja gerade erst von der Mutter weg und hat von ihr durch Vorbild und Nachmachen gelernt.

Tatsächlich ist das Kätzchen zu dem Zeitpunkt, da Sie es erwerben – in der Regel mit ungefähr 10 Wochen – bereits entscheidend geformt, in mancher Hinsicht sogar unwiderruflich. Bei Katzen ist, im Gegensatz zum Hund, die Sozialisationsphase in diesem Alter schon abgeschlossen. Schlechte Gewohnheiten lassen sich nicht mehr austreiben, falsch erworbene Prägungen nicht mehr ändern. Man kann also in Abwandlung des Sprichworts sagen, was Kätzchen nicht lernt, lernt Katze nimmermehr. Hat ein Kätzchen zum Beispiel in der für die Sozialisation sensiblen Phase keinen Kontakt zu Menschen, wird es sich später in deren Gegenwart immer scheu verhalten. Diese sensible Phase umfaßt mehr oder weniger die ersten zwei bis sieben Lebenswochen, wobei weder Anfang noch Ende genau zu setzen sind. So können manche Kätzchen, die älter als sieben Wochen sind, sich noch an den Menschen gewöhnen, wenn auch wesentlich schwerer. Es ist also auf jeden Fall günstiger, wenn das Kätzchen von einer Mutterkatze aufgezogen wird, die Vertrauen zu »ihrem« Menschen hat. Denn sie überträgt es auf ihre Jungen. Dies ist mit ein Grund, warum Sie sich beim Kauf einer Katze vorher gut beim Züchter oder Katzenhalter umsehen und auf solche Details achten sollten (→ Wie man zu einer Katze kommt, Seite 10). Vorausgesetzt, daß das zutrifft kommt das Kätzchen gut gerüstet zu Ihnen, und Sie brauchen sich dies nur auf die richtige Art und Weise zunutze zu machen (→ PRAXIS Erziehung, Seite 30/31).

Schon Kätzchen muß lernen, daß es nicht alles darf, sonst lernt es das als Katze nimmermehr.

• Aufs Katzenklo zu gehen und sein Geschäftchen zu verscharren, hat es bereits gelernt. Sie müssen dafür sorgen, daß es das bei Ihnen genauso machen kann.

• Krallen schärfen gehört zum kätzischen Verhaltensinventar. Sie müssen den Kratzbaum auf den richtigen Platz stellen und mit dem Kätzchen regelrecht üben.

• Im Bett schlafen, auf den Tisch springen, sich an Gardinen hochhangeln oder beim Essen betteln sind kätzische Unarten, denen Sie mit unerbittlicher Konsequenz begegnen müssen.

Kastrieren

In der Wohnung werden Sie um diesen Eingriff nicht herumkommen. Viele lehnen ihn mit der Begründung ab, daß er nur dem Interesse des Menschen diene und es über die Folgen für die Katze noch keine wissenschaftlichen Studien gebe. Möglicherweise denken Sie auch so, doch nun haben Sie es in Ihrer gepflegten Wohnung mit einem dauernd markierenden Kater zu tun oder mit einer fast ständig rolligen Katze, die Ihnen mit ihren klagenden Rufen die Nachtruhe raubt (→ Katze oder Kater?, Seite 11). Die Operation wird unter Narkose von jedem Tierarzt vorgenommen. Danach kann das Tier meist wieder nach Hause gebracht werden.

Kater: Ihm werden nach Erreichen der Geschlechtsreife – das ist zwischen dem 8. und 10. Monat – die Hoden entfernt. Wegen der Narkose dürfen Sie ihn ab dem Abend vor der Operation nicht mehr füttern. In der Regel ist er schnell wieder auf den Beinen.

Alleingehaltene kastrierte Kater neigen manchmal zu Freßgier und damit zu Übergewicht. Da helfen nur zwei Dinge: Mehr beschäftigen und weniger zu essen geben.

Pfui Katze! Gewöhnen Sie ihr beizeiten ab, auf den Tisch zu springen und an Pflanzen zu knabbern.

<u>Katze:</u> Ihr werden nach der ersten Rolligkeit – zwischen dem 6. und 12. Lebensmonat – die Eierstöcke, meist mit einem Teil der Gebärmutter entfernt. Ein späterer Zeitpunkt ist auch möglich, beispielsweise nachdem sie einmal Junge hatte. Der Schnitt wird zugenäht, die Fäden lösen sich von selbst auf. Lassen Sie die Katze an ihrem gewohnten warmen Plätzchen die Betäubung ausschlafen, und achten Sie darauf, daß sie nicht gleich zu irgendwelchen Kletterpartien herausgefordert wird.

Bei Komplikationen den Tierarzt benachrichtigen.

<u>Sterilisation:</u> Durch sie werden Kater und Katze nur unfruchtbar gemacht, das heißt Samen- beziehungsweise Eileiter durchtrennt. Bei diesem Eingriff bleibt der Geschlechtstrieb jedoch erhalten, was in der Wohnung zu keinerlei Entspannung führt.

<u>Die Pille:</u> Empfiehlt sich nur für Zuchtkatzen, die zwischendurch nicht rollig werden sollen. Über längere Zeit gegeben, schadet sie der Gebärmutter.

Katzen haben ihren eigenen Kopf und lassen sich zu nichts zwingen. Das Katzenkind lernt durch Nachahmen. Es hat seine Mutter beobachtet und nachgemacht, was diese getan hat. Diese Rolle müssen nun Sie übernehmen. Vorbild spielen ist das einzig Sinnvolle bei der Erziehung von Jungkatzen. Bei der älteren Katze, die längst nach ihren eigenen Gesetzen lebt, läuft die Erziehung eher darauf hinaus, daß Sie so weit wie möglich auf ihre Bedürfnisse eingehen müssen, damit diese unterlassen kann, was Sie nicht wollen.

Fünf Erziehungsregeln
1. Immer ruhig mit der Katze sprechen. Erst wenn sie Vertrauen zu Ihnen hat, tut sie auch das, was Sie wollen.
2. Stets nur das Gleiche verbieten. Verwehren Sie ihr nicht heute das Betteln am Tisch und füttern Sie sie morgen.
3. Nicht schreien. Äußern Sie ein bestimmtes »Nein!«, wenn sie zum Beispiel wieder am Sessel kratzt und nicht am Kratzbrett. Nie jedoch den Namen der Katze zur Abwehr laut aussprechen.
4. Konsequent bleiben. Benutzen Sie stets dieselben Ausdrücke wie »Pfui!«, »Nein!«, »Runter!« oder »Raus!«
5. Immer sofort loben oder tadeln. Streicheln oder belohnen Sie die Katze, wenn sie Ihnen gefolgt hat. Tadeln Sie sie bestimmt und

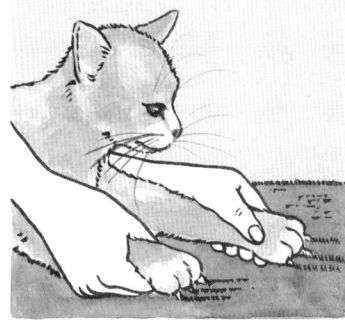

1 | Das Krallenwetzen am Kratzbaum, -brett oder -teppich müssen Sie mit der Katze üben.

klar mit Worten, allenfalls mit einem leichten Klaps mit der zusammengefalteten Zeitung, aber nur, wenn Sie sie in flagranti erwischen.

Sauberkeit
In der Regel ist ein junges Kätzchen stubenrein. Etwa ab der 3. Woche fängt es an, aufs Katzenklo zu gehen. Es hat seine Mutter nachgeahmt, denn diese kümmert sich nun nicht mehr um die Sauberkeit ihrer Kinder. Jetzt ist es an Ihnen, das Kätzchen an den neuen Platz der Klokiste zu gewöhnen. Wenn Sie merken, daß es muß, setzen Sie es schnell hinein. Dazu müssen Sie es beobachten. Meistens miaut es, sucht und scharrt herum, bevor es sich mit hochgestelltem Schwänzchen hinhockt und sein Geschäft verrichtet. Anschließend loben und streicheln Sie es.

2 | Das Hochklettern an Gardinen kann man mit einem unvermittelten Wasserstrahl aus der Blumenspritze verhindern.

Gewöhnlich klappt es mit der Reinlichkeit sofort. Es gibt aber auch Tiere, die etwas länger brauchen. Eine solche Katze müssen Sie sehr genau beobachten und versuchen, den richtigen Moment abzupassen. Loben Sie sie jedesmal ganz besonders, wenn sie ins Kistchen gemacht hat. Tadeln dürfen Sie sie auch, aber wie gesagt, immer nur auf frischer Tat.

Krallen schärfen
Zeichnung 1
Die Katze muß lernen, ihre Krallen nicht an Möbeln oder Tapeten zu wetzen, sondern an dem dafür vorgesehenen Kratzgegenstand. Ob das nun ein Kratzbaum, -brett oder -teppich ist, spielt keine Rolle. Sobald Sie sehen, daß die Katze sich anschickt, am Sessel oder Teppich zu kratzen, bringen Sie sie zu dem Kratzmöbel. Plazieren Sie es dort, wo die Katze auf dem Weg zwischen Schlaf- beziehungsweise gewohntem Ruheplatz und Futternapf daran vorbeikommt. Zeigen Sie ihr, wie sie sich die Krallen daran wetzen kann, indem Sie ihre Pfötchen darauf hin und herführen. Wiederholen Sie das ein paarmal, bis die Katze es begriffen hat.

Am Tisch betteln

Eine Katze, die mit steinerweichender Hartnäckigkeit beim Essen bettelt, ist nervtötend. Um ihr das abzugewöhnen, müssen Sie mit eiserner Konsequenz vorgehen.

• Geben Sie ihr in ihren Napf ein wenig Futter, während Sie sich zum Essen hinsetzen.

• Verwehren Sie ihr mit einem bestimmten »Nein« das Näherkommen, wenn sie sich in Richtung Ihres Tisches begibt.

• Springt sie Ihnen während des Essens auf den Schoß, setzen Sie sie mit dem Befehl »Runter!« auf den Boden.

• Lassen Sie sich auf keinen Fall hinreißen, ihr auch nur einmal etwas zu geben. Damit wären alle bisherigen Maßnahmen zunichte gemacht.

Unarten abgewöhnen

Zeichnungen 2, 3 und 4
Blumenspritze, Blasebalg, Alukettchen oder Wasserpistole sind Gegenstände, die zur Abschreckung dienen können. Klettert Ihre Katze an Gardinen hoch, wetzt sie ihre Krallen am besten Sessel, springt sie auf den Küchentisch, wo Sie Ihre Einkäufe abgestellt haben, nützt bei hartnäckigen Wiederholungstätern die Abschreckung per Überraschung. Achten Sie darauf, daß Sie die Katze auf frischer Tat ertappen und den Wasserstrahl oder das Alukettchen wortlos in Aktion setzen. Sie darf nicht darauf gefaßt sein und den »Hemmreiz« nicht in Zusammenhang mit Ihnen bringen. Noch erfolgreicher ist die Anwendung beispielsweise des Kettchens, wenn es Ihnen gelingt, sie stets zu Beginn der unerwünschten Tätigkeiten zu werfen. Und was noch ganz wichtig ist: Damit es seine magische Wirkung nicht verliert, darf die Katze das Klirren des Alukettchens nur im Augenblick der jeweiligen »Strafaktion« hören, sonst nicht.

An der Leine gehen

Katzen sind keine Hunde, die man an der Leine »Gassi« führen kann. Etwas anderes ist es sie an die Leine zu gewöhnen, was sich in einigen Fällen sogar als ganz nützlich erweist, zum Beispiel beim Gang zum Tierarzt (→ Seite 48).
Am praktischsten ist das Katzengeschirr, das um Brust und Bauch führt (im Zoofachhandel oder Katzenfachgeschäft erhältlich). Und so gehen Sie vor:

<u>An die Leine gewöhnen.</u> Lassen Sie die Katze einige Tage mit der Leine spielen.

<u>Das Brustgeschirr anlegen.</u> Zunächst das Geschirr kurz, dann immer länger anziehen. Vor dem Anlegen die Katze damit spielen lassen.

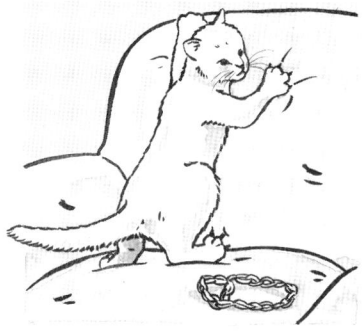

4 | *Erschreckt durch den Wurf eines Alukettchens läßt die Katze vom Kratzen am Sessel ab.*

<u>An den Zug gewöhnen.</u> Brustgeschirr anlegen, Leine einklinken und die Katze mit einem Spielzeug locken, so daß sich die Leine strafft und sie sich an das Gefühl gewöhnt. Loben und Streicheln, wenn sie ihre Sache gut macht.

<u>An der Leine gehen.</u> Katze mit einem Leckerbissen locken, so daß sie vorwärts geht. Loben und Streicheln nicht vergessen, wenn es klappt. Anschließend die Katze ohne Leckerbissen in der Wohnung umherführen, bis sie, ohne sich zu sperren, geht. Jetzt ist Mieze bereit für den ersten Ausflug.

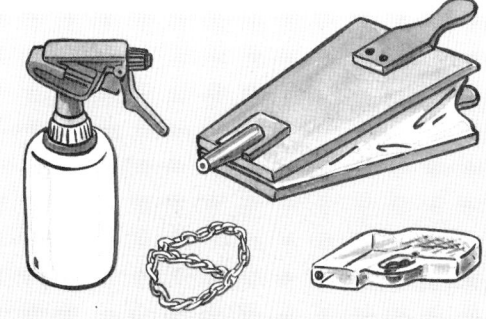

3 | *Treten Blumenspritze, Blasebalg, Alukettchen oder Wasserpistole unerwartet in Aktion, üben sie einen »Hemmreiz« aus, der der Katze die Unart verleidet.*

Das Zusammenleben mit der Katze

Was der Mensch für die Katze tun muß

Viele Stunden hat Matilda auf ihrem Lieblingsplätzchen unter der Sofadecke geschlafen. Doch dann ist sie da, streicht um meine Beine herum, reibt sich an meinem Stuhl und fordert ihren Streicheltribut. Was ich damit sagen will, ist, daß die Katze sich in der Wohnung enger an ihren Menschen anschließt und auch sehr deutlich ihre Zuneigung zeigt.

Beim Zusammenleben mit einer Katze kommt es also nicht nur auf die unerläßlichen Dinge wie Kratzbrett, Katzenklo und anderes an (→ Was die Katze alles braucht, Seite 14). Mieze braucht in Ihren vier Wänden neben ihren regelmäßigen Mahlzeiten ebenso notwendig die Beschäftigung mit ihr: Streicheln, Spielen, Schmusen und gleich alles noch einmal von vorn. Vor allem junge Kätzchen wollen immer mal wieder hochgenommen werden und Ihre Zärtlichkeit spüren. Und wenn es Ihnen gerade absolut nicht paßt, sollten Sie ihnen wenigstens freundlich zureden.

Was man von der Katze erwarten kann

Die Katze lebt bei uns, mit uns, aber nicht für uns, hat mal jemand gesagt. Das sollten Sie im Zusammenleben mit Ihrem samtpfötigen Hausgenossen respektieren. Solange sie schläft oder ruht oder ihre eigenen heimlichen Wege geht, will sie nicht behelligt werden. Sie in solchen Momenten auf den Arm nehmen oder mit ihr spielen zu wollen, wäre ganz falsch. Sie würde darauf gar nicht oder nur unwillig reagieren, womöglich sogar kratzen und beißen.

Wenn jedoch der Impuls von ihr ausgeht, wird sie solange keine Ruhe geben, bis Sie das tun, wonach ihr der Sinn steht.

Wohnungskatzen treffen weit öfter auf Besucher und Fremde, als Katzen, die viel nach draußen kommen. Deswegen kann man von ihnen jedoch nicht erwarten, daß sie sich alle gleich zutraulich verhalten. Nina bleibt ruhig auf ihrem Platz liegen, während Matilda sich erst wieder blicken läßt, wenn niemand mehr da ist.

Urlaub – wohin mit der Katze?

Die weitverbreitete Meinung, Katzen seien Einzelgänger und leiden nicht, wenn sie allein gelassen werden, ist falsch. Im Falle der Wohnungskatze erst recht. Richtig ist, daß sie sich in ihrer vertrauten Umgebung am wohlsten fühlt, doch möchte sie die Gegenwart des Menschen nicht missen. Dies sollten Sie bei der Frage, wohin mit der Katze im Urlaub, mit in Erwägung ziehen. Verschiedene Lösungen sind denkbar.

Zu Hause lassen: Hierfür brauchen Sie eine zuverlässige Person, die ein- bis zweimal täglich in die Wohnung kommt, der Katze zu fressen gibt, das Katzenklo säubert und auch genügend Zeit zum Schmusen und Spielen hat. Bitten Sie Freunde oder Nachbarn, diese Aufgabe zu übernehmen. Zunehmend gibt es auch sogenannte Catsitter, die ihre Dienste gegen Entgelt in den Kleinanzeigen der Zeitungen anbieten.

Mitnehmen: Wenn Sie Ihre Katze frühzeitig an das Reisen gewöhnen, können Sie sie auch mitnehmen. Ein ständig

Streicheln, Spielen und Schmusen gehören zum Tagesprogramm einer Wohnungskatze – nicht nur, wenn sie klein und süß ist.

Den Ohrensessel hat sich Mieze als Lieblingsplatz auserkoren. Von hier aus kann man alles gut beobachten.

wechselnder Urlaubsort wäre allerdings eine zu große Belastung für das Tier. Aber in immer dasselbe Ferienhaus fährt sie liebend gerne mit (→ Seite 33).
(→ Seite 33)
In Pflege geben: Wenn Sie Freunde haben, bei denen die Katze sich wohl fühlt, ist die Belastung weniger groß. Eine Katzenpension sollten Sie sich vorher genau ansehen. Dort werden alle Schutzimpfungen verlangt (→ Seite 46/47). Erkundigen Sie sich auch bei den Tierheimen. Manche führen eine Kartei für private Urlaubspflegeplätze.
(→ Seite 46/47)

Ans Autofahren gewöhnen

Stellen Sie ein paar Tage zuvor den Reisekorb auf, damit sich Mieze damit anfreunden kann. Hat sie es sich darin gemütlich gemacht, tragen Sie sie unter gutem Zureden ins Auto. Bringen Sie sie dann wieder in die Wohnung zurück. So wird ihr Vertrauen gestärkt. Beim nächsten Mal fahren Sie mit ihr ein kurzes Stück, und wenn sie auch diesen Streß ohne Schreckensreaktion übersteht, wird es keine großen Schwierigkeiten mehr geben.

Viele Male am Tag wäscht die Katze ihr Fell hingebungsvoll und ausdauernd. Die vielzitierte Katzenwäsche wird nämlich gründlich betrieben. Dennoch ist die Hilfe des Menschen notwendig, vor allem bei der Pflege von Langhaarkatzen.

Fellpflege mit dem Noppenschwamm
Zeichnung 1
Kurzhaar- und Halblanghaarkatzen müssen nur zur Zeit des Haarwechsels täglich gebürstet werden, damit sie beim Putzen nicht zu viele Haare verschlucken. Die sich im Magen bildenden Haarballen oder Bezoare müssen sie wieder erbrechen, was normalerweise gelingt. Bürsten bedeutet aber auch Zuwendung und wird von den meisten Katzen laut schnurrend genossen. Bei der Fellpflege mit dem Noppenschwamm ist eine kleine Massage gleich mit dabei. Bürsten Sie vom Hals zum Schwanz

mit dem Strich und streichen Sie danach mit einem leicht angefeuchteten Gummihandschuh kräftig über das Fell. Gegen den Strich gebürstet zu werden, ist der Katze unangenehm.

Waschen und Kämmen
Nur Langhaarkatzen, deren Fell sehr schmutzig ist, müssen gebadet werden. Die Wanne sollte so groß sein, daß die Katze gerade darin Platz hat, wie zum Beispiel das Handwaschbecken. Nehmen Sie ein rückfettendes Spezialshampoo (im Zoofachhandel erhältlich), es ist auch wirksam gegen Ungeziefer. Ein Babyshampoo tut's auch. Lauwarmes Wasser ins Becken laufen lassen, die Katze mit der einen Hand an den Vorderpfoten festhalten, mit der anderen Hand waschen. Kopf nie untertauchen. Das Shampoo sorgfältig ausspülen und das Tier danach mit einem vorgewärmten Tuch abreiben. Zum Kämmen die Katze auf den Schoß nehmen. Mit einem weitgezähnten Metallkamm vor allem am Bauch und zwischen den Beinen gründlich die Unterwolle kämmen. Dabei der Katze gut zureden und nie Gewalt anwenden. Mit dem eng-

1 | Die Fellpflege mit einem Noppenschwamm ist ideal. Dabei erhält Mieze gleich eine wohltuende Massage.

gezähnten Kamm nachkämmen. Trocknen kann das Fell im warmen Zimmer von selbst. Mit dem Fön geht es schneller, doch werden die Haare dadurch stumpf. Eine Fönbürste ist der Katze am angenehmsten, außerdem glänzt das Fell anschließend.

Bürsten und Pudern
Zeichnung 2
Das zuvor sorgfältig gekämmte Fell von Langhaarkatzen bekommt durchs Bürsten erst den seidigen Glanz. Eine Naturhaarbürste oder eine Spezialbürste mit gebogenen Drahtborsten eignen sich dafür am besten. Damit Sie auch die Problemzonen am Bauch und im Brustbereich gut durchbürsten können, halten Sie Ihre Katze an den Vorderpfoten hoch. Etwa einmal im Monat kann das Fell mit einem Puder gereinigt werden (im Zoofach-

2 | Leicht verschmutztes Fell kann einmal im Monat mit einem Spezialpuder gereinigt werden. Puder über Nacht einziehen lassen, am nächsten Tag gründlich ausbürsten.

handel erhältlich). Sparsam verwenden, da er die Haut austrocknet. Den Puder einreiben, über Nacht einwirken lassen und am nächsten Tag gründlich, auch gegen den Strich ausbürsten. Wenn Sie Ihre Katze von Anfang an daran gewöhnen, kann sich Angst und Abwehr gegen die Prozedur erst gar nicht aufbauen. Manche Katze wehrt sich nämlich vehement dagegen. Versuchen Sie sie abwechselnd zu bürsten und zu streicheln. Das wirkt in den meisten Fällen beruhigend.

Haarknoten entfernen
Zeichnung 3
Einen Haarknoten zuerst mit den Fingern in kleine Partien teilen und dann mit einem Stielkamm aufzulösen versuchen. Gelingt das nicht, den Knoten mit Hilfe des Trennmessers aufschneiden. Die Spitze des Trennmessers mit dem Finger führen, damit die Haut des Tiers nicht verletzt wird. Wichtiger Hinweis: Perser, die nicht regelmäßig gekämmt und gebürstet werden und deren Fell verfilzt, sind arm dran. Oft reißen sie es sich in Lappen herunter,

fressen nicht mehr und leiden Qualen. Sehr viele müssen vom Tierarzt unter Narkose geschoren werden.

Augen reinigen
Zeichnung 4
Leichte Verkrustungen in den Augenwinkeln entfernen Sie mit einem angefeuchteten, weichen Papiertaschentuch. Dabei immer in Richtung vom Ohr zur Nase wischen. Plötzlicher, reichlicher Tränenfluß auf einem Auge kann auf einen Fremdkörper hindeu-

3 | Haarknoten mit den Fingern in kleine Partien teilen und dann den Knoten mit Hilfe eines Stielkammes oder eines Trennmessers auflösen.

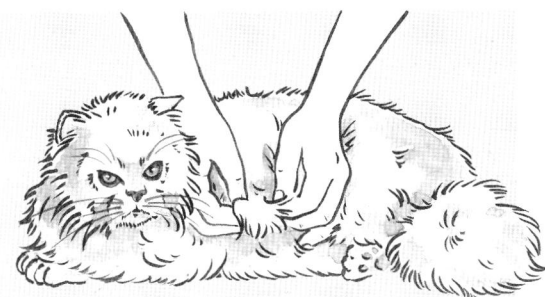

ten. Nur der Tierarzt kann ihn entfernen. Vor allem Perserkatzen mit der rassebedingten eingedrückten Nase (»Stop«) haben oft eine Verengung oder Verstopfung des Tränenkanals und deshalb tränende Augen mit gelblichen Spuren im Fell. Die Tränen müssen mehrmals täglich mit einem sauberen, weichen Papiertaschentuch getrocknet werden. Der Tierarzt kann auch Augentropfen verschreiben.

4 | Verkrustungen in den Augenwinkeln und Tränenspuren mit Hilfe eines angefeuchteten Papiertaschentuches entfernen.

Ohrenkontrolle
Auch die Ohren sollten regelmäßig kontrolliert werden. Befreien Sie, wenn nötig, die Ohrmuschel vorsichtig mit einem Papiertaschentuch vom Staub. Achtung: Auf keinen Fall mit Wattestäbchen reinigen. Sind dunkle Klümpchen zu sehen, kratzt sich die Katze häufig und schüttelt sie den Kopf, weist das auf Ohrmilben hin (→ PRAXIS Gesundheits-Checkup, Seite 26/27). Dann sollten Sie zum Tierarzt gehen.

Krallenpflege
Bei Wohnungskatzen nutzen sich die Krallen oft nicht genügend ab, sind zu stark gekrümmt oder stehen über. Sie sollten sie dann mit einer Spezialzange (im Zoofachhandel erhältlich) kürzen. Nur die nicht durchbluteten durchsichtigen Krallenspitzen schneiden, sonst tun Sie der Katze weh. Hinweis: Manchmal findet sich unter einem Kratzmöbel etwas, das wie eine ausgerissene Kralle aussieht. Es ist aber nichts anderes als eine abgestreifte Krallenhülle, unter der die neue, glänzende Kralle zum Vorschein kommt.

Katze auf Reisen

Vor der Reise: Dauert sie länger, sollten Sie der Katze am Abend vorher und während der Fahrt nichts mehr zu fressen geben, damit die Verdauung eingeschränkt ist. Die Reiseaufregung wirkt sich, wie ich beobachten konnte, bei Katzen allerdings verschieden aus. Nina hält es bis zu zehn Stunden ohne ihr Klo aus. Matilda hingegen muß spätestens nach einer Stunde.

Während der Reise: Eine Plastikschale mit Katzenstreu sollten Sie auf jeden Fall parat halten. Ein Wasserschälchen ebenfalls, auch wenn die Katze selbst bei großer Hitze nur spärlich trinken wird. Lassen Sie sie bloß dann aus dem Transportkorb, wenn sie ruhig auf ihrem Platz sitzen bleibt. Aufpassen beim Öffnen von Fenstern und Türen und auf alle Fälle an die Katzenleine nehmen (→ PRAXIS Erziehung, Seite 30/31). Denken Sie daran, daß Sie für den Grenzübertritt den Impfpaß brauchen. Informationen rechtzeitig einholen. Sie bekommen Sie bei Ihrem Zoofachhändler, Tierarzt oder dem zuständigen Veterinäramt

Bahnfahrt: Katzen dürfen kostenlos im Abteil mitfahren, wenn sie sich in einem geschlossenen Korb oder Behälter befinden.

Flugreise: Auf Linienflügen darf die Katze im Transportkorb mit in die Kabine. Vorher bei der Fluglinie anfragen. Chartergesellschaften erlauben es meist nicht.

Am Urlaubsort: Meine Katzen genießen, im Unterschied zur Stadtwohnung, dort sichtlich den Auslauf ins Freie. Natürlich dürfen Sie Ihren Wohnungstiger nicht einfach vor die Tür setzen, er würde sich zu Tode erschrecken und an einem unauffindbaren Ort verstecken.

• Lassen Sie Ihn erst nach draußen, wenn er im Haus ganz heimisch geworden ist.

So kommt eine Katze gut über den Umzug

Umzug ist für Mensch und Tier Streß. Für Ihre Katze können Sie ihn abmildern, indem Sie ihr helfen, sich an das neue Revier zu gewöhnen. Selbst wenn sie vorher Auslauf gehabt hat, kann sie sich an eine neue Wohnung ohne Auslauf gewöhnen. Sie würde – überließe man sie zum Beispiel dem Wohnungsnachfolger – viel mehr unter der Trennung von Ihnen leiden.

• Halten Sie das Tier in einem vorher leergeräumten Zimmer zusammen mit den ihr vertrauten Sachen (Körbchen, Klo), bis der Umzugstrubel vorbei ist.

• Fahren Sie dann mit ihr in die neue Wohnung.

• Setzen Sie sie dort wieder mir ihren Sachen in ein noch leeres Zimmer.

• Führen Sie die Katze, nachdem die Wohnung eingeräumt ist, zum neuen Platz des Katzenklos.

• Lassen Sie sie in aller Ruhe die ungewohnte Umgebung erkunden.

Unbekümmert erobert das Kätzchen seine Umgebung.

Mit höchster Aufmerksamkeit späht die Katze über den Rand ihres Ruheplatzes.

Zu den Fotos:
Eine »alt eingesesse-
ne« Wohnungskatze
und eine Neue an-
einander zu gewöh-
nen, kann proble-
matisch werden. Am
besten funktioniert
es mit einem Jung-
kätzchen. Mit seiner
ungestümen Neu-
gier und seinem
ausgeprägten Spiel-
trieb wird es die
»Alte« bald von sich
überzeugt haben.

Die alte Katze

Sie haben viele Jahre mit Ihrer Katze zu-sammengelebt und hauptsächlich mit einem kraftvollen, vitalen Tier zu tun gehabt. Doch auch wenn sie jetzt altert, muß es ihr gesundheitlich nicht unbe-dingt schlecht gehen. Sie wird sich viel-leicht nicht mehr so gelenkig bewegen, zum Beispiel nicht mehr auf ihr erhöhtes Plätzchen springen, sondern ein wei-ches Kissen bevorzugen, auf das sie be-quem gelangen kann. Sie wird weniger fressen und magerer werden, sich nicht mehr so oft putzen und ein rauhes Fell haben. Jetzt soll sich ihre Umgebung so wenig wie möglich verändern. Eine Auf-heiterung etwa durch ein junges Kätz-chen ist ihr eher lästig, ein Umzug gar ein Greuel.

Pflege: Seien Sie lieb zu Ihrem Tier, das ist jetzt die Hauptsache. Und lassen Sie es alle 3 bis 4 Monate vom Tierarzt untersuchen. Eine alternde Katze kann unter Verstopfung leiden oder Probleme mit den Zähnen bekommen, überdies läßt ihr Hör- und Sehvermögen allmäh-lich nach.

Einschläfern: Wenn die Katze allerdings krank wird und starke Schmerzen hat, sollten Sie sich mit dem Tierarzt bespre-chen, ob Einschläfern dann nicht die bessere Lösung ist. Nur er ist in der Lage, eine einschläfernde Injektion zu verabreichen. Die Katze wird nur den leichten Einstich der Nadel spüren, und wenn Sie sie dabei auch noch im Arm halten, wird sie ganz friedlich hinüber-schlafen.

PRAXIS
Spielen

Katzen müssen spielen

Im Spiel üben junge Kätzchen spätere Verhaltensweisen ein: Anschleichen, Lauern, Verfolgen,

Haschen, Beißen und den Sprung auf die Beute. Im Zusammenleben mit dem Menschen fällt das Jagen weg, doch die Fähigkeiten bleiben und liegen brach, wenn der Katze nichts zur Verfügung steht, was diesen Tatendrang befriedigen würde. Mit ihr zu spielen ist also ein notwendiger Beitrag zu einem katzengerechten Leben. Bei den folgenden Vorschlägen sind auch ein paar Kunststücke dabei, die Sie Ihrer Katze spielend beibringen können. Wohlgemerkt, zwingen kann man sie zu nichts. Doch zum Glück werden Katzen nie erwachsen. Sie spielen für ihr Leben gern, ein Leben lang.

Balancieren
Zeichnung 1

Alltag jeder freilaufenden Katze ist die Gratwanderung über Zaunplanken oder ein schmales Aststück. Warum soll sie das nicht auch in der Wohnung machen können. Allerdings muß für sie ein Anreiz dasein, von der einen Seite zur anderen nur über die Stange zu gelangen. In die-

1 | Das Balancieren über den Besenstil macht die Katze mit links. Achten Sie aber darauf, daß der Besen auf beiden Seiten fest aufliegt, sonst betritt sie ihn niemehr.

sem Fall ist der Anreiz der ganz simple Leckerbissen-Trick. Locken Sie die Katze mit einem Happen, und wenn sie über den Besenstiel balanciert ist, belohnen und loben Sie sie. Wenn sie erst einmal das »Kunststück« beherrscht, wird sie es auch ohne Extra-Happen ausführen.

Reifen springen
Zeichnung 2

Beginnen Sie damit, den Reifen am Boden zu halten und die Katze mit einem Leckerbissen vor der Nase hindurchzulocken. Sie

2 | Die meisten Katzen haben Spaß daran, Kunststückchen zu erlernen.

bekommt ihn aber erst auf der anderen Seite. Halten Sie den Reifen nach und nach immer höher. Sobald die Katze nicht mehr durchgehen kann, begleiten Sie die Übung mit dem Kommando »Spring!«. Lassen Sie sie aber nicht unter dem Reifen oder um ihn herum laufen. Sie darf nur hüpfend auf die andere Seite gelangen. Bloß dann gibt's die Belohnung. Auf die gleiche Weise können Sie der Katze den Sprung durch die zum Ring geformten Arme beibringen.

Verstecken
Zeichnung 3

Nichts reizt den ursprünglichen Höhlenbewohner Katze so sehr, wie sich in ein dunkles Loch, das heißt, unter ein Zeitungsdach zu verkriechen. Wenn es dazu noch ein bißchen knistert, was soviel bedeutet wie: Maus im Haus!, dann ist der Reiz doppelt groß. Stellen Sie die (ausgelesene) Tageszeitung auseinandergefaltet wie ein Dach auf den Boden und lassen Sie es geheimnisvoll rascheln. Die Katze wird nicht zögern, der Sache auf den Grund zu gehen.

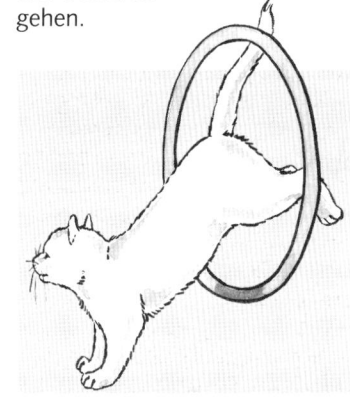

Auch einen leeren Karton findet sie hochinteressant, vor allem, wenn die Öffnung nur einen Spalt breit ist. Mieze ruht solange nicht, bis sie sich in die »Höhle« gezwängt hat. Noch schöner wird es, wenn Sie jetzt zweite Katze spielen, die hinterher will. Denn Verteidigung und Platzbehauptung gehören dazu.

Rollen
Zeichnung 4
Sehr beliebt sind leere Waschmitteltrommeln. Entfernen Sie alle Waschmittelreste und bekleben Sie sie mit Teppichresten, dann kann Mieze auch gleich die Krallen wetzen. Das dunkle Loch lädt zum Hineinkriechen ein. Herumrollen kann man damit auch, drauf und drüberspringen und zu zweit Verstecken spielen. Wenn Katze drinnen sitzt, kann Mensch draußen ein wenig kratzen und damit die Spannung erhöhen.

Ball spielen
Geben Sie Ihrer Katze ein Hartgummibällchen mit griffiger Oberfläche. Von weichen Schaumgummibällchen rate ich ab, da Katzen sie zerbeißen und fressen. Rennt sie gerne, wird sie unermüdlich danach jagen, solange Sie es ihr nur immer wieder hinwerfen. Übrigens üben Katzen bei dieser Spielaktion das Fischen. Mit einer geschickten Bewegung der Pfote werfen sie den Ball hoch über die Schulter, drehen sich blitzschnell danach um, verfolgen ihn weiter und »erlegen« ihn. Nicht anders angelt die Katze nach einem Fisch. Sie lauert solange, bis

er nahe ans Ufer schwimmt, taucht mit der Pfote unter seinen Körper, schleudert ihn weit hinter sich ins Gras und springt ihn dann an.

3 | Jede Art von Höhle – selbst ein Zeitungsdach – reizt Mieze zum Hineinkriechen.

Anschleichen und Nachlaufen
Dieses Spiel lieben meine Katzen sehr. Als Einleitung kauere ich mich hin und klopfe mit den Händen auf den Boden. Daraufhin witscht Nina um die nächste Ecke. Jetzt muß ich mich anschleichen. Klar, daß sie mich hört. Für sie stampfe ich wie ein Elefant, was sie nicht hindert, gespannt zu warten, bis ich endlich

4 | Das Herumrollen in einer leeren, gut gesäuberten Waschmitteltrommel gehört zu Miezes Lieblingsspielen.

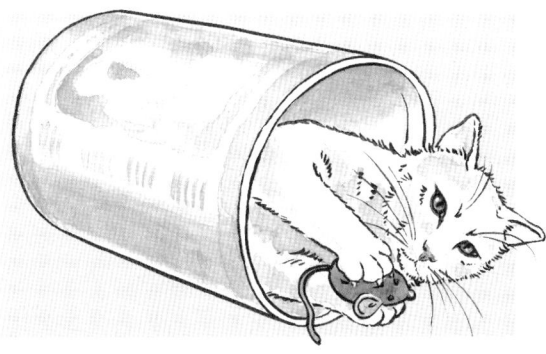

um die Ecke schiele. Äußerlich ganz ruhig sitzt sie großäugig da, nur die Schwanzspitze zittert vor Aufregung. Im nächsten Moment rast sie davon, und ich muß natürlich hinterher. Das heißt, nur bis zum nächsten Sessel, hinter dem ich mich verstecke. Denn nun ist sie an der Reihe, den Feind anzuschleichen. Nicht anders spielt man mit seinem kleinen Kind, aber Katzen sind ja auch wie Kinder.

Hochspringen
Vielleicht ist Ihre Katze eine begabte Hochspringerin. Manche lassen sich zu regelrechten Schraubenhochsprüngen animieren. Das Spielzeug dazu können Sie sich leicht selbst machen. Befestigen Sie an einem Gummiband eine Stanniolkugel und wippen Sie damit vor der Nase der Katze hin und her. Sie wird danach tatzeln, hinterherspringen und die Kugel, die so schön glitzert, zu fangen versuchen.

Wohnungskatzen gesund ernähren

Ausgewogen und bequem ernähren Sie Ihre Katze mit Fertigfutter, wobei Sie durchaus Abwechslung mit verschiedenen Geschmacksrichtungen in den Katzenspeiseplan bringen können.

Eben noch lagen meine beiden Katzen im Tiefschlaf zusammengerollt in der Sofaecke. Doch kaum hatte ich mich in die Küche begeben, mit der Absicht, ihnen das Futter zuzubereiten – es war ihre Zeit –, strichen sie mit blanken Augen und hocherhobenen Schwänzen um meine Beine herum.

Im Tagesablauf von Wohnungskatzen nehmen die Mahlzeiten einen großen Stellenwert ein. Schließlich müssen unsere Hausgenossen auf alle Anreize verzichten, die die Nahrungsbeschaffung so bietet, was ihnen natürlich nicht bewußt ist. Da ist es angebracht, mit ein bißchen Phantasie zur Abwechslung beizusteuern.

Was die Katze zum Leben braucht

Katzen sind geborene Mäusejäger. Sie warten mit schier unendlicher Geduld solange vor dem Mauseloch, bis die Maus sich zeigt, und auch dann schießen sie erst los, wenn sie ihrer Beute ganz sicher sind. Die dafür notwendige Energie stammt aus den Nährstoffen, die die Katze in ihren Beutetieren in kleinen Dosen verpackt vorfindet: Muskelfleisch, Leber, Knochen, Innereien, dazu pflanzliche und mineralische Stoffe aus Magen- und Darminhalt. Die Bausteine dieser Nahrung sind Eiweiß, Fett, Kohlenhydrate, Vitamine und Mineralien. Damit die nicht mehr Mäuse fangende Wohnungskatze gesund bleibt, muß die Nahrung, die sie von Ihnen bekommt, ihren Bedürfnissen entsprechend zusammengesetzt sein.

Nicht zuviel, dafür vielseitig füttern

Regelmäßig zuviel Futter macht dick. Eine Wohnungskatze braucht längst nicht so viel Energie wie eine Mäusejägerin. Das leuchtet jedem ein. Wird ihr jedoch das Futter womöglich bloß in Form von Leckerbissen dargereicht, entsteht überschüssige Energie, und die setzt sich, wie beim Menschen, auch bei der Katze als Fettpölsterchen ab. Das Wieviel ist bei Ihrem Haustiger also sehr wichtig (→ PRAXIS Ernährung, Seite 42/43).

Gehen Sie jedoch bei der Beurteilung, wieviel Futter genügt, nicht streng nach Gewicht, sondern nach Augenschein. Zierliche Katzen wirken schneller übergewichtig als stämmige. Dem sollten Sie Rechnung tragen.

Gewöhnen Sie Ihr Tier an zwei Fütterungszeiten, am besten morgens und abends. Ihre Katze wird jedenfalls nicht säumen, Sie daran zu erinnern (→ PRAXIS Erziehung, Seite 30/31).

Mein Tip: Die morgendliche Fütterungszeit kann an Tagen, an denen Sie ausschlafen wollen, zur rechten Fron werden. Seit ich ein wenig Trockenfutter zum Knabbern in den Napf gebe, lassen mich meine Katzen in Ruhe.

Zu einseitiges Futter macht wählerisch. Katzen, die Sie einmal mit Leckerbissen verwöhnt haben, lassen sich kaum oder gar nicht auf andere Nahrung umstellen. Nach bestimmten Nahrungsmitteln, zum Beispiel Leber, können sie sogar regelrecht süchtig werden. Vermeiden Sie zu fette und zu einseitige Nahrung,

Niemand in Sicht! Da ist die Versuchung groß, etwas vom Tisch zu stibitzen.

füttern Sie möglichst abwechslungsreich und artgerecht, und respektieren Sie die Art und Weise, in der die Katze ihr Futter zu sich nimmt.

Fertigfutter

Fertigfutter in Büchsen oder Schachteln ist praktisch. Man braucht einfach bloß eine Dose aufzumachen und findet ein Menü vor, das alles enthält, was eine Katze zur gesunden Ernährung braucht. Zumindest versprechen das die Hersteller, die zudem vom Gesetzgeber angehalten sind, auf den Verpackungen die genaue Zusammensetzung der Nahrung anzugeben. Doch nicht nur darauf kommt es heutzutage an, sondern auch auf die Qualität der Produkte, aus denen das Futter hergestellt ist. Nur hochwertige Zutaten sollten verarbeitet werden. Der »kritische Verbraucherblick« ist also gefragt. Manche Katze mag die eine Marke und kann die andere nicht ausstehen bzw. erbricht sie sogar. Wählen Sie also unter den verschiedenen Angeboten streng aus.

Wie die Katze ißt

Die Art, in der eine Hauskatze Futter und Getränk zu sich nimmt, hat sich aus ihrem wilden Dasein erhalten. Respektieren Sie ihre Eßgewohnheiten auch im Hinblick darauf, daß sie mit dem zufrieden sein muß, was Sie ihr vorsetzen.

Essen

Die typische Stellung der Katze beim Essen ist die Hockstellung. Vorder- und Hinterbeine sind eingeknickt, das Hinterteil ist leicht angehoben, der Schwanz nach hinten gestreckt oder säuberlich um den Leib geringelt.
Leben mehrere Katzen zusammen, sollte jede ihren eigenen Futternapf haben, um zu ihrem Recht zu kommen. Die eine schlingt das Futter nur so in sich hinein. Die andere ist eine bedächtige Esserin. Bröckchen für Bröckchen holt sie das Futter aus dem Napf, legt es auch immer mal wieder daneben, beschnuppert es ausgiebig und ißt es dann erst. Dabei wendet sie den Kopf schräg zur Seite, was so aussieht, als sei Nahrungsaufnahme etwas Unschickliches.

Trinken

Die Katze kann ihre lange, bewegliche Zunge wie einen Löffel formen. Damit schöpft sie Wasser in ihr Mäulchen. Die Bewegung ist so flink, daß man ihr mit dem bloßen Auge kaum folgen kann.

Putzen

Wenn die Katze gefressen hat, pflegt sie sich zuerst ausgiebig das Mäulchen zu lecken. Damit nicht genug, feuchtet sie mit der Zunge viele Male ihre Pfoten an und »wäscht« sich mit ihnen die Backen sauber.

Wieviel die Katze ißt

• Ein junges Kätzchen zwischen 7 und 12 Wochen sollte fünfmal pro Tag gefüttert werden und kann bis zu 250 g verputzen. Wenn es offensichtlich gut gedeiht und nicht ständig erbricht, braucht es das Futter, um das es dauernd bettelt. Verringern Sie mit zunehmendem Alter die Anzahl der Mahlzeiten, aber noch nicht die Menge.
• Eine halberwachsene Katze zwischen 3 und 7 Monaten verträgt, ohne Fett anzusetzen, bis zu 350 g am Tag. Verteilen Sie das Futter auf 2 bis 3 Mahlzeiten am Tag, aber geben Sie nichts dazwischen.
• Sobald die Wohnungskatze erwachsen ist (Körpergewicht zwischen 3,5 und 5 kg), sollten Sie die Futtermenge und die Anzahl der Mahlzeiten reduzieren. Sie braucht pro Tag nicht mehr als 130 g auf zweimal verteilt, das ist etwa ein Drittel einer kleinen Dose (400 g) oder eine Vierteltasse Trockenfutter. Ist sie besonders groß oder besonders temperamentvoll, können Sie die Futtermenge auf 150 bis 200 g erhöhen.
• Eine tragende Katze muß nicht viel mehr, aber nährstoffreicheres Futter in vier bis fünf Portionen über den Tag verteilt bekommen. Eine säugende Katze indes braucht entschieden mehr Futter, nämlich etwa 450 g, ebenfalls auf mehrere Mahlzeiten verteilt.

Was die Katze ißt

Die folgenden Tips und Anleitungen sowie die Rezepte für die Zubereitung einfacher Katzenmenüs beruhen auf eigenen Erfahrungen. Da jede Katze aber anders reagiert, müssen Sie ausprobieren, ob auch Ihre Mieze sie verträgt.

Praktische Zubereitungstips

• Rohes Fleisch von Pferd, Schaf, Kaninchen oder Wild muß frisch und aus einwandfreien Beständen sein. Fleisch von Schwein, Rind und Geflügel nur gekocht

reichen (→ Frischfutter, Seite 44).

• Die Katze braucht nährstoffreiches, aber nicht unbedingt »abgeschmecktes« Futter. Das heißt, Hände weg von Salz und anderen Gewürzen.

• Für die Versorgung mit Vitamin A braucht die Katze wöchentlich 100 bis 150 g Leber. Auf Vorrat portionieren, im Tiefkühlfach aufbewahren und täglich eine Portion unters Futter mischen.

• Eintagsküken, die es tiefgefroren in Katzenfachgeschäften gibt, sind ein erstklassiger Mäuseersatz und werden von den Katzen mit Knochen und Federn verspeist. Beim Kauf darauf achten, daß die Küken aus salmonellengeprüften Beständen kommen. Beim Auftauen nicht im Schmelzwasser liegenlassen. Gründlich abwaschen. Ein Küken pro Woche reicht. Mancher Katze muß man erst zeigen, daß es eßbar ist. In katzengerechte Happen zerlegen, dann wird sie beim nächsten Mal schon Bescheid wissen.

• Einmal die Woche ein Teelöffel Olivenöl oder Margarine im Futter sorgt dafür, daß die Katze die verschluckten Haarballen nicht erbricht, sondern ausscheidet.

• Wenn Sie die Gewichtsmengen der folgenden Rezepte in ein Tassenmaß umrechnen, haben Sie weniger Arbeit.

Einfache Rezepte für Katzenmenüs

Die angegebenen Mengen gelten für den Futterbedarf eines Tages.

Fleischtopf

100 g rohes Fleisch von Pferd, Schaf, Kaninchen, Wild bzw. gekocht von Schwein oder Rind, in Katzenhappen kleingeschnitten
2 EL 6-Korn-Babybrei
1 TL Hefe-Vitamin-Flocken
2 EL Karottenbrei (Babynahrung)
1 EL Leber
(bei gekochtem Fleisch 1 TL Öl oder Margarine hinzufügen)

Fischtopf

100 g Tiefkühlfisch, in Wasser gar gedämpft
1 EL gekochter Reis
1 TL Öl oder Margarine
2 EL gekochtes Gemüse
1 TL Hefeflocken

Geflügeltopf

100 g gekochtes Hühnerfleisch, in Katzenhappen kleingeschnitten

2 EL Schmelzflocken
1 EL Hüttenkäse
1 TL Maisöl
2 EL Karottenbrei (Babynahrung)
1 TL Hefe-Vitamin-Flocken
1 EL Leber

Innereientopf

100 g Puten- oder Rinderherz, angebraten und in Katzenhappen kleingeschnitten
2 EL gekochtes Gemüse
2 EL Schmelzflocken
1 TL Maisöl
1 EL Leber
1 TL Hefe-Vitamin-Flocken
1 EL Hüttenkäse

Eßgewohnheiten

• Regelmäßig zur selben Zeit füttern. Katzen stellen sich darauf ein.

• Nahrung nicht zu lange herumstehen lassen, das heißt, die Tagesration pro Mahlzeit in entsprechend kleine Portionen aufteilen. (Bei 120 g und 2 Mahlzeiten sind das jeweils 60 g).

• Nichts direkt aus dem Kühlschrank reichen.

• Vielseitig und abwechslungsreich füttern.
Zur Abmagerung nicht fasten lassen, sondern die Portionen kleiner bemessen.

• Sich auf Bettelei außerhalb der Fütterungszeiten nicht einlassen (→ PRAXIS Erziehung, Seite 30/31).

• Reste vom eigenen Essen dürfen nicht zu scharf gewürzt, zu salzig oder gezuckert sein.

• Den Futternapf jedesmal mit heißem Wasser auswaschen. Kein Reinigungsmittel verwenden.

• Hundefutter ist für Katzen auf die Dauer nicht geeignet, da es viel weniger Eiweiß enthält.

Verschiedene Angebotsformen

Fertigfutter wird in verschiedenen Formen angeboten:

• Feuchtnahrung ist in Dosen abgefüllte Vollwertnahrung und besteht aus einer Mischung von Muskelfleisch, Innereien oder verschiedenen Seefischen, dazu pflanzlichem Eiweiß, Getreide, Mineralstoffen und Vitaminen.

Mein Tip: Da wegen der weichen Konsistenz dieses Futters Zähne und Zahnfleisch der Katze zu wenig beansprucht werden, kann dies zu Zahnsteinbildung und Zahnfleischerkrankungen führen. Wechseln Sie deshalb mit frisch zubereitetem Futter ab, und geben Sie hin und wieder auch Kalbsknorpel.

• Trockenfutter ist hochkonzentrierte Vollwertnahrung, der bis auf etwa 10% das Wasser entzogen wurde. Katzen müssen viel trinken, wenn sie damit ernährt werden, und deshalb immer ein Schälchen mit frischem Wasser vorfinden. Als Faustregel gilt: auf 100 g Trockenfutter 100 ml Wasser. Da Katzen keine Weltmeister im Trinken sind, reicht oft die Wassermenge nicht aus, um den Feuchtigkeitsentzug auf die Dauer auszugleichen. Besonders kastrierte Kater, die zu Blasengrieß und der tödlich verlaufenden Harnverhaltung neigen, würden darunter leiden und Schaden nehmen.

Mein Tip: Reichen Sie dieses Knabberfutter nur ganz sparsam als Zusatznahrung, damit die Katze hin und wieder etwas zum Kauen für ihre Zähne hat.

Frischfutter

Eine Abwechslung zum Dosenfutter ist Frischfutter auf jeden Fall. Wichtig ist die Ausgewogenheit der Nährstoffe, denn eine einseitige Ernährung nur mit Fleisch könnte zu Mangelerscheinungen führen. Probieren Sie doch einmal die auf den PRAXIS-Seiten 42 und 43 vorgeschlagenen Menüs, vielleicht schmecken sie auch Ihrer Katze. Berücksichtigt werden muß:

Fleisch: Rohes Fleisch ist für die Katze das natürlichste Nahrungsmittel. Doch wegen der Gefahr der Krankheitsübertragung raten Tiermediziner inzwischen davon ab. Schweinefleisch kann den Erreger der tödlichen Aujeszkyschen Krankheit enthalten, Rindfleisch, wenn auch selten, von der Britischen Rinderseuche (BSE) befallen sein, Geflügel von Salmonellen.

Innereien: Herz (ohne Fett), Lunge, mageres Euter und Nieren nur gekocht verfüttern; Nieren gut wässern. Rohe Leber führt ab, gekochte stopft.

Fisch: Nur leicht gedämpft und entgrätet und nur einmal in der Woche, sonst stinken Katzen zu sehr danach.

Eier: Nur das Eigelb roh und einmal in der Woche. Eiweiß nur gekocht, es ent-

Nach jeder Mahlzeit leckt Katze sich ausgiebig das Mäulchen.

Wenn zwei Katzen sich vertragen, gibt's keine Rivalitäten am Futternapf.

zieht der Nahrung das Vitamin Biotin, das für Katzen wichtig ist.

Fett: Leichtverdauliche Fette wie Maiskeim-, Weizenkeim- oder Sonnenblumenöl unters Futter mischen.

Knochen: Zum Herumknabbern gegen Zahnsteinbildung. Keine Geflügelknochen, da sie splittern und sich zwischen den Zähnen oder im Schlund einspießen können.

Getränk und Trinkgewohnheiten

Katzen trinken wenig und können im allgemeinen aus ihrer Nahrung so viel Flüssigkeit nehmen, daß ihr Bedarf weitgehend gedeckt ist.

Wasser ist das richtige Getränk für sie. Stellen Sie Ihrer Mieze immer einen frisch gefüllten Wassernapf hin, damit sie nicht Abgestandenes aus Pfützen,

Gießkannen oder Blumenuntersetzern trinkt. Manche Katzen haben so ihre Marotten. Meine Nina beispielsweise hängt sich sehr gern direkt unter den Wasserhahn.

Milch ist Nahrung – kein Getränk. Sie enthält viele Nährstoffe, zum Beispiel Eiweiß und Kalzium, und ist besonders wertvoll für tragende und säugende Katzen sowie jungen Kätzchen. Kuhmilch enthält allerdings mehr Milchzucker als die Milch der Mutterkatze, weshalb manche Katzen davon Durchfall bekommen. Sie darf dann nicht mehr unverdünnt gefüttert werden. Verdünnen Sie die Milch zu 50 % mit Wasser. Grundsätzlich ist Milch kein Getränk gegen den Durst.

Gesundheitsvorsorge und Pflege bei Krankheiten

Selbst wenn Ihre Wohnungskatze nicht Gefahr läuft, sich durch Artgenossen mit einer Krankheit zu infizieren, sollten Sie das Tier regelmäßig gegen die gefährlichsten Infektionskrankheiten impfen lassen. Auch der Mensch kann Krankheiten übertragen.

Katzen sagt man nach, daß sie von Natur aus robust, zäh, abgehärtet und widerstandsfähiger gegen Krankheiten sind als andere Tiere. Erst recht trifft das zu auf die Wohnungskatze, die ja ein weitaus geschützteres Leben als die freilaufende Katze führt. Viele Wohnungskatzenhalter wissen gar nicht, was das ist, eine kranke Katze. Zu diesen können Sie auch gehören, wenn Sie Ihre Samtpfote gut pflegen, artgerecht ernähren und halten und vor allem liebevoll und fürsorglich mit ihr umgehen. Hinzu kommen ein paar Vorbeugungsmaßnahmen, die Sie auf jeden Fall vornehmen lassen sollten. Wenn Mieze dann sonst nichts Widriges zustößt, kann sie 14 Jahre und älter werden.

Impfungen, die beste Vorsorge
Schutzimpfungen sind die wichtigste und wertvollste vorbeugende Gesundheitsmaßnahme für Ihre Katze, selbst wenn sie sich nur in der Woh-

Krankheiten können sich vielfältig äußern. Am auffälligsten für den Katzenhalter sind meist Verhaltensveränderungen seiner Katze.

nung aufhält und mit keiner anderen Katze in Berührung kommt. Zum Impfen muß das Tier gesund und parasitenfrei sein. Lassen Sie das anhand einer Kotprobe vor der Impfung vom Tierarzt nachprüfen. Nur dieser kann die Schutzimpfungen durchführen. Er trägt sie in einen Impfpaß ein und vermerkt gleichzeitig, welche Impfung wann wieder fällig ist.

Schutzimpfungen gibt es gegen
• Katzenseuche. Diese sehr ansteckende Viruserkrankung wird nicht nur von Tier zu Tier übertragen, sondern auch über Zwischenträger, ja sogar über Hände, Schuhe und andere Gegenstände.
• Katzenschnupfen. Impfstoffe gibt es nur gegen die gefährlichsten Viren. Nachweis wird meist von Katzenpensionen verlangt.
• Katzenleukämie oder Katzenleukose. Wird von Katze zu Katze übertragen (Bisse, Lecken, Deckakt). Nachweisbar durch einen vom Tierarzt durchgeführten Test.
• Tollwut. Sie ist auf den Menschen übertragbar. Für Auslandsreisen und Ausstellungen ist die Schutzimpfung vorgeschrieben.
• Feline Infektiöse Peritonitis (FIP). Gegen diese, oft mit einer zunehmenden Bauchwassersucht einhergehende Krankheit gibt es in Deutschland seit 1993 einen Impfstoff.
Hinweis: Keine Schutzimpfung gibt es zum Beispiel gegen die Aujeszkysche Krankheit und gegen Katzenaids. Das Feline Immundefizienz-Virus (FIV) gehört zwar der gleichen Virengruppe

Impfplan für die Gesundheitsvorsorge

	Lebensalter	Katzenseuche	Katzenschnupfen	Leukose	Tollwut	FIP
Grund-immuni-sierung	9. Woche	*	*	*		
	12. Woche	*	*	*	*	
	16. Woche					*
	19. Woche					*
	nach 1 Jahr	*	*	*	*	*
	nach 2 Jahren		*	*	*	*
	nach 3 Jahren	*	*	*	*	*
	nach 4 Jahren		*	*	*	*

Wichtig: Impfungen werden nicht sofort wirksam. Es dauert etwa 1 bis 2 Wochen, bis der Impfschutz eintritt.

an wie der Aids-Erreger beim Menschen, doch es steht fest, daß er den Menschen nicht bedroht. Sie brauchen also keine Angst zu haben und müssen sich auch nicht von Ihrer Katze trennen, wenn bei ihr der FIV festgestellt wurde. Lassen Sie sich vom Tierarzt beraten, was Sie für Ihre Katze tun können.

Entwurmung

Ein junges Kätzchen hat meistens dann keine Würmer, wenn auch seine Mutter wurmfrei ist. Doch letztlich kann dies nur der Tierarzt feststellen, wenn Sie ihm anläßlich der Impfung eine Kotprobe mitbringen. Wenn nötig, wird er dann eine Wurmkur vornehmen (Präparate in Pasten- oder Tablettenform). Bei Wohnungskatzen, die sich nur schwerlich neu infizieren können, braucht die Wurmbehandlung nicht wiederholt zu werden.

Krankheiten, die auf den Menschen übertragbar sind

Es gibt eine Reihe von Krankheiten, die Mensch und Katze befallen können, doch muß Sie dieses Thema keineswegs über die Maßen beunruhigen. Eine Wohnungskatze, die geimpft ist und nur Gekochtes oder Fertigfutter frißt, fängt selten Erreger auf, die auch für Sie gefährlich werden können.

Tollwut: Im Prinzip müssen nur Katzen, die ins Freie kommen, dagegen geimpft werden. Für Ihre Wohnungskatze wird eine Impfung also nur dann notwendig, wenn Sie mit ihr ins Ausland reisen. Da die Bestimmungen von Land zu Land verschieden sind, sollten Sie sich lange genug vorher erkundigen (Tierarzt, Veterinäramt oder Konsulat).

Toxoplasmose: Sie ist gefährlich für schwangere Frauen, da das ungeborene Kind schwere Schäden an Gehirn und Augen davontragen kann. Frauen soll-

An Zyperngras drüfen Katzen knabbern.

Durchfall kann ein Krankheitsanzeichen sein.

ten deshalb gleich zu Beginn der Schwangerschaft ihren Arzt auf die Katzenhaltung hinweisen und zweimal im Abstand von 6 Wochen ihr Blut auf Toxoplasmose untersuchen lassen.
Mein Tip: Halten Sie für die Dauer der Schwangerschaft nicht allzu nahen Körperkontakt mit Ihrer Katze und lassen Sie das Katzenklo von anderen sauber machen. Auf keinen Fall brauchen Sie sich von Ihrer Katze zu trennen. Es ist grausam und zeugt von Unwissenheit, wenn Sie Ihr Tier aus Angst vor An-

steckung ins Tierheim geben oder, noch schlimmer, einfach aussetzen.
Mikrosporie: Sie wird durch einen Hautpilz verursacht und äußert sich in Haarausfall und Juckreiz. Zur Behandlung müssen Sie den Tierarzt aufsuchen. Gegen Wiederansteckung Körbchen, Kamm, Bürste, Spielzeug und alles, womit die Katze sonst noch in Berührung kommt, immer wieder desinfizieren. Manchmal müssen die Sachen vollkommen entfernt werden. Achten Sie selbst auf sorgfältige Hygiene und waschen Sie sich nach jeder Berührung mit Ihrer Katze die Hände, denn Sie können sich selbst anstecken.

Wenn die Katze krank wird
Eine gesunde Katze ist lebhaft, neugierig, verspielt und putzt sich schon von klein auf regelmäßig und ausgiebig. Weitere Anzeichen ihres Wohlbefindens sind ein dichtes, glänzendes Fell, klare Augen, saubere Ohren (auch innen), unbeschädigte Zähne ohne Belag, rosiges Zahnfleisch ohne üblen Geruch, geformter, weicher, dunkler Kot und gelber, klarer Urin.
Eine kranke Katze hingegen sitzt lustlos herum, frißt nicht und kratzt sich womöglich dauernd. Weitere Anzeichen, die auf eine Gesundheitsstörung oder Krankheit hindeuten, sind unter anderem ständiger Durst, Durchfall, mehr Erbrechen als gewöhnlich, Fieber, Husten, starke Abmagerung. Sie sollten dann den Gang zum Tierarzt nicht länger hinauszögern.

Der Gang zum Tierarzt
Der Tierarzt ist Vertrauenssache. Schließlich müssen Sie schon allein wegen der Schutzimpfungen mindestens einmal pro Jahr zu ihm gehen. Da sollten Sie sich einen Fachmann aussuchen, der etwas von Katzen versteht. Hören Sie sich bei anderen Katzenhaltern, im

Zoofachhandel oder bei einem Katzenzüchterverein um, dann fällt Ihnen die Wahl leichter.

Transport: Im Transportkorb oder Kennel. Im Wartezimmer nicht hinauslassen.

Gespräch: Dem Tierarzt eine kurze, aber genaue Schilderung der Symptome geben und seine Fragen präzis beantworten. Zum Beispiel:
- Wie frißt Ihre Katze?
- Trinkt sie mehr als sonst?
- Hat sie mehr als gewöhnlich erbrochen? Durchfall oder Verstopfung? (eventuell Kotprobe mitbringen.)
- Sitzt sie teilnahmslos herum; vernachlässigt sie ihre Körperpflege, ist sie unsauber?
- Haben Sie Fieber gemessen und wenn ja, wie hoch ist es?
- Kratzt sich die Katze viel, zum Beispiel auch am Ohr, und schüttelt sie ständig den Kopf?
- Hatte die Katze einen Unfall?
- Hustet sie viel?
- Ist sie stark abgemagert?

Verschreibt der Tierarzt Medikamente, genau an die Dosierungen und die Dauer halten und die Medikamente auch dann noch geben, wenn die Krankheit schon nach der Hälfte der Behandlungszeit abgeklungen ist. Auch alle anderen Anordnungen des Tierarztes genau befolgen.

Eine Katzenschönheit mit klaren Augen und makellosem Fell.

Was der Katzenhalter tun kann

Mieze ist krank. Nun braucht sie ein behagliches Lager, die richtige Pflege und Ihr gutes Zureden, damit sie bald wieder gesund wird. Die Katze ist keine geduldige Patientin, und es wird ihr nicht einleuchten, daß alles nur zu ihrem Besten ist. Sie müssen also mitunter auf allerlei Tricks zurückgreifen. Hier die wichtigsten Pflegemaßnahmen:

Krankenlager: Flacher Karton oder Korb mit einem etwas erhöhten Rand, damit die Katze nicht hinausfallen kann; mit einem weichen Kissen auslegen, darüber ein waschbares Tuch zum Auswechseln.

Standort: An einem warmen, zugfreien Ort, wo Sie die Patientin bequem versorgen können. Wenn noch andere Katzen da sind, die kranke bei ansteckenden Krankheiten isoliert halten.

Füttern: Mit frischen, angewärmten Leckerbissen oder wohlschmeckenden Nahrungskonzentraten (beim Tierarzt erhältlich). Kann die Katze schlecht kauen, pürieren Sie die Futterbrocken. Manchmal muß sie gefüttert werden. Träufeln Sie leicht gesalzene Fleisch- oder Hühnerbrühe mit einer Einwegspritze (ohne Nadel) seitlich hinter den Eckzähnen langsam ein. Nicht in einem Schwall einspritzen, sonst verschluckt sich die Katze.

Trinken: Frisches Trinkwasser muß immer erreichbar sein. Wenn die kranke Katze nicht genügend trinkt, müssen Sie ihr auch Wasser mit der Einwegspritze einflößen.

Tabletten, Pillen, Kapseln: Einmal läßt sich eine Katze überlisten, indem Sie die Tablette in einem schmackhaften Futterbrocken verstecken (größere Tabletten zerkleinert auf mehrere Happen verteilen). Hat sie die Sache aber durchschaut, können Sie es folgendermaßen versuchen: Halten Sie die Tablette in der einen Hand zwischen Daumen und Zeigefinger parat, während Sie mit der anderen Hand den Kopf hinter den Zähnen mit leichtem Druck fassen. Unwillkürlich öffnet die Katze dabei ihr Mäulchen. Schieben Sie nun die Tablette so weit wie möglich in den Rachen, und massieren Sie die Kehle sanft abwärts, bis die Tablette spürbar geschluckt ist.

Tropfen: Träufeln Sie sie der Katze auf die Pfote, dann wird sie sie womöglich von ganz allein ablecken, vorausgesetzt, sie munden ihr. Bittere Arznei kann so eingegeben werden, wie unter → Füttern beschrieben.

Temperatur messen: Am einfachsten geht es zu zweit. Während einer die Katze an Schulter und Vorderpfoten festhält und beruhigend auf sie einredet, hebt der andere den Schwanz etwas an, führt das mit Creme eingefettete Thermometer (am besten geeignet ist ein Digitalthermometer) möglichst waagerecht etwa 2 cm tief in den After ein und läßt es 2 Minuten drin.

Einige wichtige Handgriffe im Umgang mit der Patientin Katze sollten Sie beherrschen. Dazu gehört das Verabreichen von Medizin ebenso wie das Messen der Temperatur.

Die Temperatur einer gesunden Katze liegt zwischen 37,8 und 39,2 °C.

Puls fühlen: Der Pulsschlag läßt sich am besten an der Oberschenkelinnenseite fühlen, mit der einen Hand streicheln, mit der anderen nach dem Pulsschlag tasten. Er schlägt im Normalfall zwischen 110- und 140mal in der Minute.

Augensalben: Den Kopf der Katze von hinten festhalten und gleichzeitig das obere Augenlid mit dem Zeigefinger vorsichtig zurückziehen. Einen etwa 5 mm langen Salbenstrang unter das Lid legen.

Den Augapfel nie direkt mit der Tubenspitze berühren!

Augen- und Ohrentropfen: Beim Träufeln in die Augen den Kopf der Katze von hinten festhalten und gleichzeitig das untere Augenlid mit dem Zeigefinger vorsichtig zurückziehen. Mit der Tropferflasche 2 bis 3 Tropfen hinter das Lid träufeln. Nie den Augapfel direkt berühren!

Beim Träufeln ins Ohr die Ohrmuschel behutsam hochziehen und 4 bis 5 Tropfen in den Ohrkanal träufeln. Danach das Ohr vorne am Ansatz sanft massieren, damit die Flüssigkeit sich im Gehörgang verteilt.

Spritzen: Eine an Diabetes leidende Katze muß täglich eine Injektion bekommen. Lassen Sie sich vom Tierarzt die richtigen Handgriffe zeigen. Wenn Sie geübt sind, wird die Katze es kaum spüren. Eine Freundin erzählte mir, daß ihre Katze ihr die »Impfstelle« zu der bestimmten Zeit sogar regelrecht präsentiere.

Heilbehandlung bei leichten Gesundheitsstörungen

Wenn Ihre Katze krank ist, sollten Sie ihr schnelle und sachkundige Hilfe durch den Tierarzt zukommen lassen. Das eine oder andere können aber auch Sie tun. Alle genannten Naturheilmittel bekommen Sie in der Apotheke.

Leichter Durchfall (breiiger Kot; bei zusätzlichem Erbrechen gleich zum Tierarzt): Bei falscher Ernährung (Milch, rohe Leber, sauer gewordenes Fleisch), diese gleich absetzen. Kamillen- oder Pfefferminztee einflößen (mit Einwegspritze ohne Nadel, → Seite 50). Einige getrocknete Heidelbeeren (Reformhaus) zerreiben und in den Tee geben. Wenn nach 2 Tagen keine Besserung, zum Tierarzt gehen.

Leichte Verstopfung (Beschwerden beim Kotabsatz): Langhaarkatzen leiden manchmal darunter. Sehr oft reicht schon etwas Milch als Abführmittel oder ein- bis zweimal 1 Teelöffel Olivenöl ins Fressen. Besserung nach 2 Tagen. Kommt Erbrechen hinzu, zum Tierarzt gehen.

Schnupfen: Versuchen Sie es mit einem Kamillendampfbad (mit Kamillenkonzentrat aus der Apotheke). Setzen Sie die Katze in eine verschließbare Transportbox, stellen Sie die Schüssel mit dem Aufguß vor die Boxöffnung und fächeln Sie mit Hilfe eines Handtuchs die heißen Dämpfe in das Innere, so daß die Katze sie einatmet. Sie können sich auch mit der Katze auf dem Schoß gemeinsam vor den Topf unter das Handtuch setzen. Tritt keine Besserung ein, zum Tierarzt gehen.

Husten: Dämpfe zu gleichen Teilen aus Huflattich, Eibisch und Kamille. Prozedur wie vorher beschrieben. Wenn keine Besserung, zum Tierarzt.

Augenentzündungen: Bei geschwollenen Bindehäuten den Augenwinkel vorsichtig drei- bis viermal täglich mit Euphrasia (10 Tropfen auf ein Glas handwarmes Wasser) betupfen. Wenn keine Besserung, zum Tierarzt gehen.

Prellungen (nach einem Sturz): Wechselweise Umschläge aus Arnika- oder Calendula-Tinktur (Verdünnung beachten) und ein- bis dreimal täglich je eine Arnika-D3- oder Traumel-Tablette.

Bei vielen Krankheiten tut der Katze Wärme gut. Legen Sie ihr ein weiches Kissen in das Körbchen und darüber ein waschbares Tuch.

Oberflächliche Verletzungen: Verband aus Calendula-Tinktur/Salbe oder Kamille-Tinktur. Dazu die Tabletten wie bei Prellungen.

Schockbehandlung nach Unfällen: Eine der wichtigsten lebenserhaltenden Erste-Hilfe-Maßnahmen. Die Katze auf die rechte Seite (natürlich nur, wenn sie dort keine äußerliche Wunde hat) auf eine Decke oder ein Handtuch legen, indem Sie sie vorsichtig von hinten am Nacken und den Rumpf unterstützend hochnehmen. Die Decke um sie herumschlagen und das Tier bequem in den Korb oder auf Ihren Schoß betten. Den Kopf etwas niedriger halten als den Rest des Körpers, damit das Gehirn durchblutet bleibt. So zum Tierarzt transportieren, den Sie vorher vom Unfall unterrichtet haben sollten.

Katzen verstehen lernen

Fähigkeiten der Katze

Man wird nie müde, die unvergleichliche Geschmeidigkeit des Katzenkörpers zu bewundern. Die Entspannung und Gelöstheit in der Schlafstellung, das inbrünstige Recken, Strecken und Räkeln nach dem Aufwachen, das spannungsgeladene Schleichlaufen, die biegsame Gelenkigkeit, mit der die Katze sich durch Spalten und Löcher windet, oder die akrobatischen Verrenkungen beim Sichputzen. Wozu sie sonst noch fähig ist, verblüfft nicht minder.

Willst du mich wohl reinlassen in den Korb. Im Spiel üben Katzen natürliche Verhaltensweisen ein.

Springen: Aus dem Stand kann die Katze fünfmal so hoch springen, wie sie selbst groß ist. Dabei schätzt sie die Entfernung so genau ab, daß sie dort landet, wo sie hinwollte, etwa mitten auf einem vollbeladenen Kaminsims, ohne daß etwas zu Bruch geht. Beim Hinunterspringen beugt sie sich zunächst so weit vor, daß es aussieht, als laufe sie die Wand hinunter. Mit diesem Trick verkürzt sie die Entfernung zum Boden.

Fallen: Die Fähigkeit der Katze, immer auf die Füße zu fallen, ist sprichwörtlich. Stürzt sie rückwärts ab, kann sie blitzschnell die Normallage einnehmen, das heißt, sie dreht im freien Fall, den Schwanz als Steuer und Bremse benutzend, zuerst den Vorderkörper, dann das Hinterteil, krümmt den Rücken, um den Aufprall abzuschwächen, und landet auf allen vieren.

Laufen: Die Katze geht auf lautlosen Sohlen, das heißt, sie berührt nur mit den Zehen den Boden, wobei der Effekt durch die Polsterung der Ballen noch verstärkt wird. An den seidenweichen Pfoten sitzen nadelspitze Krallen, die an den Vorderpfoten zudem einziehbar sind. So werden sie beim Gehen nicht abgewetzt und bleiben immer scharf geschliffen.

Balancieren: Traumhaft ist die Sicherheit, mit der eine Katze über eine Gardinenstange balanciert. Den Schwanz setzt sie dabei, ähnlich wie der Seiltänzer seinen Stab, zum Balancieren ein.

Sinnesleistungen

Das Faszinierendste an der Katze sind ihre Augen, große bernsteingelbe, kupferfarbene, veilchenblaue oder smaragdgrüne Seen. Doch sie sind nicht nur wunderschön, sie leisten auch Erstaunliches.

Sehen: Die Größe der Augen ermöglicht eine Art Rundumblick, das heißt, die Katze kann geradeausblickend bis hinter ihre Ohren alles sehen, was sich bewegt. Als Jägerin übersieht sie übrigens das Unbewegliche. So nimmt sie in dem Bereich mit ihrer besten Tiefenschärfe (zwischen 2 und 6 m) sogar die krabbelnde Ameise wahr, während ihr eine sich tot stellende Maus möglicherweise glatt entgehen würde. Außerdem sieht sie auch dann noch, wenn wir die Hand vor den Augen nicht mehr erkennen. Bei Dunkelheit werden die Pupillen ganz groß und sammeln ein Maximum an Licht. Je heller es wird, desto mehr verengen sie sich, bis sie nur mehr ein Strich sind. Eine Reflexschicht im Augenhintergrund verstärkt die Wirkung des einfallenden Lichts. Deswegen leuchten Katzenaugen, die in der Dunkelheit von einem Scheinwerfer getroffen werden, wie Lampen auf.

Diese beiden verstehen sich. Der pädagogische Wert eines Tieres für die Entwicklung des Kindes ist unbestritten. Das Kind lernt Rücksicht auf andere Lebewesen zu nehmen, seine Fürsorglichkeit und sein Pflichtbewußtsein werden ausgeprägt.

Im Umgang mit einer Katze lernen Kinder, die Persönlichkeit des Tieres zu respektieren.

PRAXIS
Katzensprache

Die Katzensprache ist ein Zusammenspiel aus Körper- und Lautsprache. Mit dem Körper drückt Mieze aus, wie ihr zumute ist. Dazu gibt sie Töne von sich, die die jeweilige Stimmung in Laute kleiden. Mit den folgenden Beschreibungen möchte ich Ihren Blick für die Katzensprache schärfen, damit es mit der Katz-zu-Mensch-Verständigung auch wirklich klappt.

Wohlbefinden

Die Katze sitzt oder liegt mit freundlich entspanntem Ausdruck da. Die Ohren sind nach vorn und leicht nach außen gerichtet, die Schnurrhaare stehen seitwärts und sind wenig gefächert. Die Augen blicken ruhig und blinzeln je nach Helligkeit. Zur Begrüßung kommt Mieze mit hochaufgerichtetem Schwanz

1| Ein Spielzeug hat ihre Aufmerksamkeit erregt. Spielerisch hascht sie nach dem interessanten Gegenstand.

und erhobenem Kopf auf Sie zu. Will sie mit Ihnen schmusen, drückt sie die Augen zu und reibt schnurrend Kopf und Flanken an Ihren Beinen. Oder sie gibt »Köpfchen«, indem sie es an Ihrer Hand reibt.

Aufmerksamkeit
Zeichnung 1

Der großäugige Blick verrät nicht, daß die Katze gespannt ist. Dafür sind die Ohren gespitzt und direkt nach vorn gedreht. Die Schnurrhaare sind ebenfalls nach vorwärts gerichtet und breit gefächert. Vorläufig wirkt die Katze noch ganz ruhig, nur der Schwanz wedelt sacht hin und her. Spielerisch erhebt sie die Pfote, um nach dem Ding zu haschen, das ihre Aufmerksamkeit erregt hat.

Abwehr
Zeichnung 2

Die Zeichen der Abwehr sind anfangs subtil, und wenn sie nicht richtig gedeutet werden, bleiben Ihnen schmerzhafte Mißverständnisse nicht erspart. Will Mieze zum Beispiel gerade nicht auf ihrem Ruheplätzchen gestört werden, signalisiert sie zuerst Zurückhaltung: Die Ohren klappen seitlich weg, die Pupillen werden groß, und die Schnurrhaare legen sich zurück. Übersehen Sie diese Zeichen, geht Samtpfote zur Verteidigung über, zeigt ihre Krallen und teilt ärgerliche Tatzenhiebe aus. Dabei faucht und spuckt sie, oder sie knurrt tief in der Kehle und steigert sich je nach Ärgerungsgrad bis zu einem schrillen Schrei.

2| Ohren seitlich zurückgeklappt, große Pupillen, zurückgelegte Schnurrhaare – Mieze ist ärgerlich und teilt auch Tatzenhiebe aus.

Angriff
Zeichnung 3

Angriffslustig zeigt sich die Katze hauptsächlich einer anderen Katze gegenüber. Bei Wohnungskatzen, die miteinander aufgewachsen sind und sich kennen, geht es dann meist um die Aufforderung zu einer Balgerei. Mit hochaufgerichteten Beinen baut sich die eine vor der anderen auf, dreht die hochgestellten Ohren nach hinten, hat breitgefächerte Schnurrhaare und verengte Pupillen. Der Schwanz ist kurz hinter der Wurzel hakenförmig abgebogen, und seine Haare sind gesträubt, so daß er wie eine Flaschenbürste aussieht. Sie duckt sich im rechten Winkel und wirft sich dann auf die andere. Diese rollt sich blitzschnell auf den Rücken und pariert mit Zähnen und Krallen. Will sie jedoch gerade nicht, senkt sie den Kopf, und signalisiert damit Unterlegenheit. Bei Desinteresse wendet sie den Kopf weit zur Seite.

Ängstliche Zurückhaltung
Zeichnung 4

Wenn eine Katze sich in ängstlicher Zurückhaltung in ein Versteck zurückzieht, versucht sie sich erst einmal unauffällig zu machen. Die Ohren sind nach der Seite gedreht und die Schnurrhaare angelegt. Augen und Pupillen sind schmal, das Kinn ist angedrückt. Das Gesicht sieht aus wie »eingezogen«, wie überhaupt alles am Körper. Sie werden diesen Zeichen vor allem bei Katzen aus dem Tierheim begegnen.

Wächst die Angst, geht sie schnell in Abwehr über. Das sollten Sie wissen, wenn Sie eine ängstliche Katze anfassen wollen. Ihr sträuben sich die Haare, die Ohren liegen seitwärts am Kopf an, die Pupillen sind riesengroß, der Schwanz peitscht hin und her, und womöglich stößt sie ein lautes Kreischen aus.

Reden Sie lieber nur beruhigend auf sie ein, und ziehen Sie die Hände zurück, wollen Sie sich nicht ein paar blutige Kratzer einhandeln.

3| Angriffslust signalisiert der Gesichtsausdruck dieser Katze. Ein wütendes Fauchen bekräftigt ihre Stimmung.

Lautsprache
Ohne Laute ist die Katzensprache unvollkommen, zumal Mieze sie freimütig auch in der Beziehung zu »ihrem« Menschen anwendet. Die Lautsprache ergänzt und unterstreicht Körpersprache und Mimik, drückt Wohlbefinden, gute Laune und Anhänglichkeit aus oder aber Mißstimmung, Abwehr, Feindseligkeit und Aggression.

Miauen: Sagt die Katze in allen Tonlagen und Abstufungen, klagend, fordernd, fragend, aufgeregt. Wenn Katzenbabys sich verlassen fühlen, klingt es ganz hoch »miii, miii«.

Schnurren: Drückt Wohlbehagen und ein Gefühl der Geborgenheit aus. Katzenbabys schnurren, wenn sie trinken, Katzenmütter, wenn sie ihre Kinder säugen und putzen. Jungtiere fordern erwachsene Katzen und Menschen schnurrend zum Spielen auf. Befreundete Katzen schnurren, wenn sie sich begegnen, überlegene Tiere, wenn sie sich unterlegenen friedlich nähern. Aber auch bei Krankheit und starken Schmerzen schnurren Katzen, ja sogar kurz vor dem Tod.

Gurren: Es ist eine Art Plaudersprache in vielen Variationen, die Katzen zu allen möglichen Lebenslagen parat haben. Gurrend fordert die Katze »ihren« Menschen auf, sich ihr zu widmen, mit sanften Gurrlauten lockt die Katzenmutter ihre Jungen.

Fauchen: Wird mit gekrauster Nase ausgestoßen und bedeutet Feindseligkeit.

Knurren: Mit diesem Laut werden Gegner gewarnt. Eine Katze stößt ihn aus, wenn sie beim Essen nicht gestört werden will.

4| Ohren zur Seite gedreht, Schnurrhaare angelegt, die Augen schmal, zieht sich die Katze ängstlich in einem Schlupfwinkel zurück. Diese Katze hat Angst.

Schnattern: Diesen Laut äußern Katzen, wenn sie durchs Fenster blicken und einen Vogel entdecken, der für sie unerreichbar bleibt. Dann fangen sie zu meckern an und klappern regelrecht mit den Zähnen.

Rangordnung
Sie entwickelt sich, wo mehrere Katzen zusammenleben. Meist gibt es ein oder zwei Ober-Katzen, die die besten Ruheplätze besetzen und oft die ersten am Futterplatz sind. Sie beanspruchen sozusagen den Napf ihrer Wahl, während die anderen sich um die restlichen Schüsselchen scharen. Ober-Katzen schlagen den anderen Artgenossem in einer reinen Geste der Oberherrschaft häufig ins Gesicht. Es geschieht auch, daß Katzen ihren Rang vergessen. Dann macht sich die untergeordnete Katze auf dem Platz der dominanten breit und weicht erst, wenn diese zurückkehrt.

Ob ich mir den greifen soll, scheint sich die Katze zu fragen.

Hören: Die Katze hört in Frequenzbereichen bis zu 65 kHz (der Mensch nur bis zu 20 kHz) und nimmt so feine Geräusche wie das Piepsen, Trappeln und Nagen von Mäusen auf. Selbst wenn sie döst, reagiert sie sofort auf fremde Geräusche.

Tasten: Würde man einer Katze die Schnurrhaare abschneiden, könnte sie nicht mehr durch ein Loch hindurchschlüpfen. Sie mißt nämlich mit diesen sensiblen »Antennen« die Breite der Öffnung ab und weiß so, daß sie nicht steckenbleibt. Die Schnurrhaare sind ihr Leitsystem, so daß sie im Stockfinstern an kein Stuhlbein anstößt.

Riechen: Das Jacobsonsche Organ befähigt die Katze zu einer Art Riech-Schmecken. Riechend macht sie sich ein »Bild« von jeder neuen Person, jeder fremden Katze und natürlich auch von ihrer Nahrung. Durch Reiben mit dem Köpfchen, Kinn, Schwanz und den Pfoten hinterläßt sie Duftnachrichten zum Beispiel an Kratzbrett und Möbeln oder auf ihren Trampelpfaden durch die Wohnung, leider nur »lesbar« von Artgenossen.

Schmecken: Das soll bei der Katze nicht so gut ausgebildet sein. Wahrscheinlich beharrt sie auf einem bestimmten Futter weniger wegen des Geschmacks als aus Gewohnheit und weil ihr der Geruch mehr zusagt. Salziges soll sie von nicht Salzigem unterscheiden können, während sie für Süßes wohl keinen besonderen Sinn hat. Dennoch nascht sie die Sahnetorte vom Tisch, weil sie nun mal das Mausen nicht sein lassen kann. Auf der Zunge sitzen viele Wärzchen, sogenannte Geschmackspapillen, die sich wie Sandpapier anfühlen, wenn die Katze einem freundlich über das Gesicht leckt.

Besser nicht! Er hat doch einen ganz schön starken Schnabel.

Zu den Fotos: Im natürlichen Verhaltensmuster der Katze ist ein Vogel als Beutetier festgeschrieben. Doch bei Heimtieren, die zusammen in der Wohnung gehalten werden, kann es durchaus zu einer Freundschaft zwischen Papagei und Mieze kommen.

Natürliche Verhaltensweisen richtig deuten

Es ist hellichter Tag, und Ihre Katze sitzt mit weit aufgerissenen Augen da. Beunruhigt denken Sie sich werweißwas, weil Katzenpupillen doch eigentlich nur bei Nacht ganz groß sein dürfen (→ Sinnesleistungen, Seite 52). Wüßten Sie hingegen, daß die Katze bei Verunsicherung ihre Augen ähnlich weit aufreißt, brauchten Sie sich keine Sorgen zu machen und allenfalls dem Grund der Irritation nachzugehen. Lernen Sie die natürlichen Verhaltensweisen Ihrer Katze richtig deuten, dann werden Sie am Zusammenleben mit ihr noch mehr Vergnügen haben und in zunehmendem Maße die Welt auf eine den Katzen angemessenere Art sehen.

Schnurren

Mit diesem Laut scheint die Katze grenzenloses Wohlbefinden auszudrücken. Doch so ganz stimmt das nicht. Er bedeutet eher »Ich bin friedlich gestimmt« als »Ich bin zufrieden«. In seiner ursprünglichen Funktion meldet er der säugenden Mutterkatze, daß die Jungen wohlauf sind. Einmal erwachsen, äußert sich die Katze weiterhin schnurrend, doch ändert sich die Bedeutung je nach Situation und sozialem Zusammenhang. Katzenmütter schnurren beim Säugen und Putzen der Kleinen, Kätzchen, wenn sie erwachsene Katzen oder Menschen zum Spiel auffordern. Befreundete Katzen schnurren bei jeder Begegnung, überlegene Tiere, wenn sie sich unterlegenen friedlich nähern. Kranke und sehr schwache Katzen schnurren zur Beschwichtigung.

Treteln

Die Katze hat sich auf Ihrem Schoß breit gemacht und fängt nach kurzer Zeit an, langsam und gleichmäßig abwechselnd die beiden Vorderpfoten hinunterzudrücken. Wenn Sie auch noch ihre spitzen Krallen fühlen und merken, daß die Katze sabbert, spätestens dann schieben Sie sie mehr oder weniger irritiert beiseite. Dieses Treteln ist ein Relikt aus Kinderzeiten. Um den Milchfluß anzuregen, massieren Katzenbabys mit ihren winzigen Pfoten den Bauch der Mutter. Erwachsene Katzen, die ja ihren Besitzer sozusagen als Adoptivmutter ansehen, wiederholen also ein kindliches Verhaltensmuster und fühlen sich entsprechend ungerechtfertigt behandelt, wenn sie zurückgewiesen werden.

Sich Lecken

Viele Male am Tag putzt und schleckt die Katze ihr Fell, um es von Staub und ausgefallenen Haaren zu säubern. Nach jeder Mahlzeit leckt sie ihr Mäulchen sauber und reibt noch mit der angefeuchteten Pfote nach. Manchmal leckt sie aber auch kurz über Nase oder Fell, wo es nichts zu putzen gibt. Ein rascher Zungenschlag, vergleichbar unserem Kratzen am Kopf. Wir tun es, etwa wenn wir ratlos sind und nicht genau wissen, wie jetzt entscheiden. Der Katze geht es ähnlich, sie weiß nicht, was sie tun soll, davonlaufen oder dableiben. Der Konflikt ist nicht gleich zu lösen, die Spannung indessen so groß, daß sie irgendeine Ersatzhandlung vollführt. Man nennt das auch Verdrängungs-Putzen.

Sich Reiben

Zur Begrüßung streicht die Katze eng um Ihre Beine herum. Wie nett, denken Sie. Aber es ist nicht nur freundlicher Körperkontakt, sondern hat noch eine andere Bedeutung. Indem die Katze Stirn, Backe, Flanke und Schwanz an den Beinen des Menschen reibt, tauscht sie mit ihm Körpergerüche aus. Mit den speziellen Duftdrüsen, die sich an Schläfen, Mundwinkel und Schwanzwurzel befinden, hat sie Sie parfümiert. Allerdings können wir das nicht riechen, denn diese Düfte sind zu fein für unsere Nase. Der Katze sind diese Gerüche allerdings sehr wichtig, denn dadurch fühlt sie sich noch enger mit »ihren« Menschen verbunden. Da sie sich danach meist sehr intensiv zu putzen pflegt, nimmt sie uns auch noch mit der Zunge schmeckend auf.

Kratzen

Wenn die Katze an Ihrem Lieblingssessel ihre Krallen wetzt, macht sie das nicht, um Sie zu ärgern. Einer der Gründe, warum sie es tut, ist die Duftmarkierung (→ Kratz- und Kletterbaum, Seite 8). Die Katze hat nämlich an der Unterseite der Vorderpfoten Duftdrüsen, die beim Kratzen kräftig auf dem Möbelstück gerieben werden. Und wenn sie sich auf Ihrem Sessel verewigt, möchte sie ihren Geruch dem Ihrigen hinzufügen und gleichsam ihre Zuwendung ausdrücken. Wenn sie also das ihr zugewiesene Kratzmöbel partout ignoriert, hilft es manchmal, ein abgetragenes T-Shirt darüberzuhängen.

Verhaltensprobleme

Wenn Ihre Katze plötzlich Dinge tut, die sie vorher nicht getan hat – auf den Teppich pinkeln, die Pflanzen beknabbern oder Möbel und Teppich zerkratzen – sind Sie verständlicherweise bestürzt und verärgert. Probleme dieser Art können bei einer bis dahin wohlerzogenen Katze aus heiterem Himmel auftauchen und das harmonische Zusammenleben mit ihr empfindlich stören. Auch Katzen, die Sie aus dem Tierheim adoptiert haben und die wochenlang reizend waren, können sich

Aufmerksamkeit signalisiert die Stellung von Ohren und Schnurrhaaren.

Wachsende Unruhe verrät diese Haltung.

manchmal erschreckend verändern. Bevor Sie jedoch zu drastischen Maßnahmen greifen, sollten Sie sich bewußt sein, daß solch heftige Reaktionen fast immer eine Ursache haben, die oft leicht abzustellen ist.

Die unsaubere Katze

Hinterläßt Ihre Katze plötzlich Häufchen auf dem Teppich, kann das mehrere Gründe haben.

Krankheit oder Alter: Die Katze ist dadurch in ihrem normalen Verhalten gestört und braucht dringend den Tierarzt.

Katzenklo: Es ist verunreinigt, und die Katze findet kein sauberes Plätzchen mehr, wo sie sich niederlassen kann. Oder es steht am falschen Platz, zum Beispiel neben dem Futternapf. Katzen hassen es, dort ihren Kot abzulegen, wo sie fressen. Oder das Katzenklo wurde an einer Stelle der Wohnung aufgestellt, wo dauernd jemand vorbeigeht. Auch das geht der Katze gegen den Strich, denn sie möchte es unbeobachtet.

Störung des gewohnten Daseins: Dies ist einer der häufigsten Gründe für Unsauberkeit. Vielleicht waren Handwerker im Haus, die für Unruhe und Änderung der gewohnten Umgebung gesorgt haben. Vielleicht haben Sie neue Möbel gekauft. Das erscheint der Katze erstmal als Gefährdung ihres Reviers. Vielleicht ist ein zweites Kätzchen angekommen, und die Alteingesessene muß mit sichtbarem Kotabsetzen ihre Dominanz zeigen. Jetzt müssen Sie durch viel Zuwendung das Selbstbewußtsein der Katze wieder stärken. Vermiesen Sie ihr gleichzeitig den »Pinkelplatz«, sonst zieht sie es immer wieder dahin zurück. Decken Sie ihn nach der Reinigung mit Kernseife und Wasser oder Essigwasser zum Beispiel mit einer glatten Kunststoffolie ab und besprühen Sie ihn mit Melissen- oder Zitronenöl, ein Geruch, den fast jede Katze haßt.

Schimpfen, Schreien oder Klapse nützen hingegen gar nichts und verstören Ihre Katze nur noch mehr.

Mein Tip: Verwenden Sie keine ammoniakhaltigen Reinigungsmittel. Sie haben urinähnliche Geruchsstoffe, die die Katze erst recht dazu bringen, ihren Eigenduft an der gerade gereinigten Stelle erneut anzubringen.

Verhaltensstörung: Hier die Gründe herauszufinden, ist sehr schwierig. Manchmal hilft es, die Katze für ein paar Wochen an einen anderen Platz zu geben, denn dann legt sich die Unsauberkeit oft schlagartig. Ein ganz zuverlässiges Rezept gibt es aber nicht.

Verweigerung des Kratzmöbels

Falscher Platz: Weil die Katze auf ihrem Trampelpfad durch die Wohnung nicht daran vorbeikommt (→ Seite 8), hat sie sich eine andere Stelle erkoren. Ihr das jetzt abzugewöhnen, ist nicht einfach. Versuchen Sie folgendes:

• Die zerkratzte Stelle an Möbel, Teppich oder Tapete mit einer glatten Folie abdecken. Die mögen Katzen nicht. Das Kratzmöbel in die Nähe rücken.

• Das malträtierte Möbel verrücken und an seine Stelle das Kratzmöbel stellen.

• Den liebsten Schlafplatz in die Nähe des Kratzmöbels verlegen.

• Auf die Kratzstelle ein Stück Sisalteppich nageln, wenn das möglich ist.

• Das ohnehin zerkratzte Möbel sozusagen opfern und jeden Tag um wenige Zentimeter in eine Ecke rücken.

Zu späte Gewöhnung: Sie stellten das Kratzmöbel erst auf, nachdem die Katze bereits ihre liebe Gewohnheit entwickelt hat. Klopfen Sie sich an Ihre Brust und versuchen Sie eine sanfte Umgewöhnung.

Die Haltung der Ohren bilden eine fast waagrechte Linie. Die Katze droht zum Angriff.

Die Ohren an den Seiten abgeknickt und ein böses Fauchen sagen dem Gegner: Zum Angriff bereit.

Beknabbern von Pflanzen

Katzen, vor allem Langhaarkatzen brauchen Grünes, wahrscheinlich, um die beim Putzen verschluckten Haare wieder zu erbrechen. Stellen Sie einen nur für die Katze bestimmten Grastopf auf – Zypergras *(Cyperus alternifolius)* hat sie beispielsweise zum Fressen gern – und gewöhnen Sie sie beizeiten daran. Damit sie nicht in Verwirrung gerät, an welcher Pflanze sie nun knabbern darf beziehungsweise nicht darf, sollten Sie das Gras weit entfernt von Ihren geliebten Zimmerpflanzen plazieren. Loben Sie die Katze, wenn sie an ihrem Gras frißt, rufen Sie »Nein!«, wenn sie sich an Ihren Pflanzen vergreift.

Oft fängt die Katze aber auch aus Langeweile an, Pflanzen zu beknabbern, zum Beispiel, wenn sie den ganzen Tag allein ist. Sie müssen dann einesteils mehr Abwechslung für die Katze schaffen (Tips → PRAXIS Spielen, Seite 38/39 und Katzengerechte Wohnung, Seite 16/17), andererseits Ihre Pflanzen schützen, schon allein deswegen, weil darunter ja auch giftige sein können (→ Seite 22). Versuchen Sie es mit

• Mottenkugeln, in Säckchen eingenäht, an der Pflanze aufhängen;
• Blätter mit einem Geschmack, den die Katze haßt, einpinseln. Er darf natürlich nicht schädlich für die Pflanze sein.

Viele Katzen trinken, indem sie die Wassertropfen vom geöffneten Wasserhahn auffangen.

Die aggressive Katze

Vielleicht haben Sie eine Findelkatze aufgenommen oder eine Katze aus dem Tierheim, die schlechte Erfahrungen in ihrem Leben gemacht hat. Ihr muß man mit viel Liebe und Zuwendung zeigen, daß sie es jetzt besser hat.

Entwickelt eine Katze, die bis dahin das liebste Schmusetier war, plötzlich die Gewohnheit, Besucher anzufallen und sie zu kratzen und zu beißen, müssen Sie die Ursache herausfinden.

Eifersucht: Sie haben als ehemaliger Single einen Partner bekommen, und das paßt der Katze gar nicht. Am besten, Sie lassen jetzt ausschließlich den neuen Menschen Futter und Streicheleinheiten geben und halten sich deutlich raus. Mit der Zeit wird die Katze den Neuankömmling annehmen.

Angst: Angriffslustig werden Katzen auch aus Angst. Man erkennt das an ihrer ganzen Körperhaltung – geduckt, angelegte Ohren, große Pupillen. Wissen sie nicht mehr ein und aus, fauchen, kratzen und beißen sie. Nehmen Sie ihr die Angst, und sie wird wieder das sanfte Schmusetier.

Saugen

Wenn das gerade erworbene kleine Kätzchen an Ihrem Finger oder Hals nuckelt, finden Sie das noch niedlich. Behält jedoch die erwachsene Katze diese Angewohnheit bei, ist das weniger angenehm. Sie saugt an Stoff und Wolle und an Haut und Haaren ihres Besitzers. Dagegen sollten Sie beizeiten etwas unternehmen.

Schieben Sie die Katze beiseite, sobald sie bei Ihnen damit anfängt. Will sie nicht aufhören, sagen Sie »Nein« und unterstreichen Sie es eventuell mit einem leichten Klaps mit der zusammengerollten Zeitung. Verwehren Sie es ihr ganz konsequent, sonst ist es nutzlos.

Aus Liebe und Verantwortung.

Das Zusammenleben mit den »samt-pfötigen Individualisten" problemlos genießen, ist der Wunsch jedes Katzenhalters. Doch das klappt nur, wenn Sie einiges über Wesen und Verhalten dieser geheimnisvollen Geschöpfe wissen und die richtigen Voraussetzungen für ein artgerechtes Katzenleben schaffen. Die GU Tier-Ratgeber helfen Ihnen dabei: Mit leicht verständlichem Experten-Rat für den richtigen Umgang mit Katzen, ihre Haltung und Pflege, eine gesunde Ernährung, die Vorbeugung und Behandlung von Krankheiten ...

DER GROSSE GU RATGEBER

Katrin Behrend/Monika Wegler

KATZEN

Experten-Rat für die Katzenhaltung mit Herz und Verstand. 230 Farbfotos der schönsten Rassekatzen und Katzenbabys.

GU GRÄFE UND UNZER

Ulrike und H. Alfred Müller

GU TIER-RATGEBER

Die kranke Katze
Erste Hilfe – Behandlung – Pflege

So helfen Sie selber

Tierärztlicher Rat und Tips für die homöopathische Behandlung

Symptom-Tabelle für die schnelle Diagnose

GU GRÄFE UND UNZER

Vom Wesen und über die Haltung des "schmusigen Raubtiers" 141 Seiten, 230 Farbfotos. **34,80 DM/272,- öS/35,80 sfr.**

So helfen Sie selber. Tierärztlicher Rat und Tips für die homöopathische Behandlung. Symptom-Tabelle für die schnelle Diagnose. 128 Seiten, 40 Farbfotos, 50 Zeichnungen. **24,80 DM/194,- öS/25,80 sfr.**

Mehr draus machen. Mit GU.

Sachregister

Die **halbfett** gesetzten Seitenzahlen verweisen auf Farbfotos und Zeichnungen. U = Umschlagseite

Adressen

Katzenverbände

Deutscher Edelkatzen-
züchterverband
(1. DEKZV),
Berliner Str. 13, 35614
Aßlar,
Tel.: 0 64 41/84 79

Deutsche Rassen-
katzen Union e.V. (DRU),
Hauptstr. 56, 56814 Land-
kern, Tel.: 0 26 53/62 07

Klub der Katzenfreunde
Österreichs (KKÖ), Castel-
lezgasse 8/1, A-1020
Wien, Tel.: 00 43-
1/2 14 78 60

Féderation Féline
Helvetique (FFH),
Büntacker 22, CH-5626
Hermetschwil
Staffel

Fragen zur Katzenhaltung be-
antworten auch

Ihr Zoofachhändler oder
Zentralverband Zoologischer
Fachbetriebe Deutschlands
e.V., Rheinstr. 35,
63225 Langen,
Tel.: 0 61 03/91 07 32

Krankenversicherung
für die Katze

Uelzener Allgemeine
Versicherungsgesellschaft AG,
Postfach 14 23, Veerssener
Str. 67, 29525 Uelzen.

Registrierung von Katzen

Haustier-Zentralregister für
die BRD e.V. TASSO,
D-65795 Hattersheim
Wer seine Katze vor Tierfän-
gern und dem Tod im
Versuchsabor schützen will,
kann sie hier registrieren
lassen. Die Eintragung sowie

die computergesteuerte
Suche bei Vermißtenmeldung
sind kostenlos.

Zeitschriften, die weiterhelfen

»die edelkatze«, Illustrierte
Fachzeitschrift für Katzenfreunde, Verbandszeit-
schrift des 1. DEKZV; Berliner Str. 13, 53614 Aßlar

»Katzen extra«, Symposion
Verlag, Wagnerstr. 12,
73728 Esslingen.

»das Tier«, Hallwag Verlag,
Brunnwiesenstr. 23,
73760 Ostfildern

Bücher, die weiterhelfen

Behrend, Katrin: *Katzen rich-
tig pflegen und verstehen*.
Gräfe und Unzer Verlag
GmbH, München.

Behrend, K./Wegler, M.:
Katzen. Gräfe und Unzer
Verlag GmbH, München.

Brunner, Ferdinand: *Die un-
verstandene Katze*. Verlag
Neumann-Neudamm,
Melsungen.

Bulla Giesela: *Meine Katze*.
Naturbuch Verlag, Augs-
burg.

Fogle, Bruce: *Was geht in
meiner Katze vor?* Gustav
Lübbe Verlag, Bergisch-
Gladbach.

Hart, B. L. und L. A.: *Verhal-
tenstherapie bei Hund
und Katze*. Ferdinand
Enke Verlag, Stuttgart.

Morris, Desmond: *Cat wat-
ching*. Heyne Verlag,
München.

Müller, Ulrike und H. Alfred:
Die kranke Katze. Gräfe
und Unzer Verlag GmbH,
München.

Die Autorin

Katrin Behrend, Journalistin,
Tierbuch-Redakteurin und
Autorin erfolgreicher GU
Ratgeber lebt und arbeitet
seit kurzem in Italien. Sie hält
seit vielen Jahren Haus- und
Rassekatzen.

Dank

Autorin und Verlag danken
Herrn Dr. Uwe Streitferdt für
die Durchsicht der Kapitel
»Wohnungskatzen gesund
ernähren« und »Gesund-
heitsvorsorge und Pflege bei
Krankheiten«.

Wichtige Hinweise

Beim Umgang mit Katzen kann es durch Kratzen und
Beißen zu Verletzungen kommen. Lassen Sie solche Verlet-
zungen sofort vom Arzt versorgen.
Lassen Sie bei Ihrer Katze unbedingt alle notwendigen
Schutzimpfungen und Entwurmungen (→ Seite 46/47)
ausführen, da sonst eine erhebliche gesundheitliche Ge-
fährdung von Mensch und Tier möglich ist. Einige Krank-
heiten und Parasiten sind auf den Menschen übertragbar
(→ Seite 47/48). Zeigen sich bei Ihrer Katze Krankheitsan-
zeichen (→ Seite 48), sollten Sie unbedingt einen Tierarzt zu
Rate ziehen. Gehen Sie im Zweifelsfall selbst zum
Arzt und weisen Sie ihn auf die Katzenhaltung hin.
Es gibt Menschen, die allergisch auf Katzenhaare reagieren.
Fragen Sie im Zweifelsfall vor der Anschaffung Ihren Arzt.
Es besteht die Möglichkeit, daß Katzen Schäden an frem-
dem Eigentum anrichten oder gar Unfälle verursachen. Ein
ausreichender Versicherungsschutz liegt im Eigeninteresse;
Sie sollten auf jeden Fall haftpflichtversichert sein.

Die Fotos auf dem
Buchumschlag:

Umschlagvorderseite: Eine
wahre Katzenschönheit.
Umschlagrückseite: Diese
Katze genießt sichtlich die
Streicheleinheiten des kleinen
Mädchens.

Redaktion: Anita Zellner,
Gabriele Linke-Grün
Zeichnungen: Renate Holzner
Herstellung: Peter Pleischl
Umschlaggestaltung:
Heinz Kraxenberger
Satz: Typodata
Reproduktion: Typodata
Druck: Grafedit, Bergamo
Bindung: Grafedit, Bergamo

ISBN 3-7742-2147-2

Auflage 5. 4. 3. 2. 1.
Jahr 98 97 96 95 94